Oldenbourg
Textnavigator für Schüler

Oldenbourg
Textnavigator für Schüler

Herausgegeben von
Dieter Wrobel

Friedrich Schiller

Die Räuber

Inhaltsangabe, Analyse des Textes
und Abiturvorbereitung

Verfasst von Frank Rustemeyer

Oldenbourg

Die Seitenangaben in Klammern beziehen sich auf folgende Ausgabe: Friedrich Schiller, Die Räuber. Oldenbourg Textausgaben. München: Oldenbourg Schulbuchverlag 2010

Bibliografische Information der Deutschen Nationalbibliothek:
Die Deutsche Nationalbibliothek verzeichnet diese Publikation in der Deutschen Nationalbibliografie; detaillierte bibliografische Daten sind im Internet über http://dnb.ddb.de abrufbar.

Das Papier ist aus chlorfrei gebleichtem Zellstoff hergestellt, ist säurefrei und recyclingfähig.

1. Auflage 2010
Druck 14 13 12 11 10
Die letzte Zahl bezeichnet das Jahr des Drucks.

Umschlagkonzept: Mendell & Oberer, München
Umschlaggestaltung und -bild: Erasmi + Stein, München
Layoutentwurf: Almut Jegodtka
Lektorat: Katja Hohenstein, Renée Rogage (Assistenz)
Herstellung: Cornelia Colditz
Satz: fidus Publikations-Service GmbH, Nördlingen
Druck: Himmer AG, Augsburg

ISBN 978-3-637-01063-5

Inhaltsverzeichnis

1 Der Autor Friedrich Schiller

Friedrich Schiller wird am 10. November 1759 als Sohn von Johann Caspar Schiller, Arzt und Offizier, und Elisabeth Dorothea Schiller in Marbach am Neckar geboren. Er ist der einzige Sohn, hat aber noch fünf Schwestern.

Ihm ist nicht in die Wiege gelegt, einmal einer der bedeutendsten deutschsprachigen Schriftsteller zu werden. Schillers Vater Johann Caspar Schiller (1723–1796) ist ein ehrgeiziger Mensch, der selbst gerne studiert hätte, dazu aber nicht die Chance bekam. Die sollte sein Sohn Friedrich erhalten, der zunächst die Lateinschule in Ludwigsburg besucht.

Karl Eugen von Württemberg – ein Herrscher des aufgeklärten Absolutismus

Der württembergische Herzog Karl Eugen, der sich als Herrscher im Sinne eines aufgeklärten Absolutismus verstand, förderte Kultur und Bildung. Er gründete eine „Militairische Pflanz-Schule“, aus der 1781 die Universität „Hohe Karlsschule“ in Stuttgart wurde. Zum Teil vom Herzog persönlich ausgesuchte Schüler sowohl des Adels als auch des Bürgertums erhielten dort eine kostenlose Ausbildung – unter ihnen auch Friedrich Schiller ab dem Jahr 1773.

Herzog Karl Eugen von Württemberg, unbek. Maler

Schiller an der Karlsschule – Jurastudium

Der junge Schiller besucht die Karlsschule nicht freiwillig und auch nicht gern: Weder sein Studienfach Jura noch der militärische Drill und die höfischen Tänze interessieren ihn. Am meisten leidet er unter den rigorosen Verboten und Regeln. Freiheit findet er nur in der Literatur und der Philosophie seines aufgeklärten Lehrers Jakob Friedrich Abel, der auch sein Interesse an den Naturwissenschaften weckt. Mit Begeisterung studiert Schiller nun die Literatur und Philosophie; auch der Wechsel des Studienfachs von Jura zu Medizin tut ihm gut.

Begegnung mit der Philosophie der *Aufklärung*

Seine medizinische Dissertation über den Zusammenhang zwischen der biologischen und geistigen Natur ist jedoch nur eine Nebentätigkeit für Schiller: Die meiste Zeit investiert er in sein erstes Drama, DIE RÄUBER. Dort entfaltet er nicht nur ein enormes schriftstellerisches Talent, sondern zeigt sich auch als der reflektierteste Autor seiner Zeit: DIE RÄUBER ist kein einfaches Rebellenstück eines unzufriedenen Studenten, sondern liefert einen vielschichtigen Blick auf die gesellschaftlichen und philosophischen Probleme seiner Zeit.

Dissertation in Medizin: der Zusammenhang zwischen Körper und Geist

DIE RÄUBER – kein Rebellenstück

Herzog Karl Eugen gefiel das Stück seines Zöglings gar nicht: Schiller organisierte die Uraufführung heimlich in Mannheim, er entfernte sich unerlaubt vom Stuttgarter Hof und im Übrigen dürfte dem Herzog die Kritik am Absolutismus im Drama seines ehemaligen, inzwischen als Regimentsarzt tätigen, Zöglings kaum gefallen haben. Karl Eugen reagiert mit Schreibverbot und einem vierzehntägigen Arrest – in Schiller reifen Pläne zur Flucht aus Stuttgart. Nach einer problematischen Zeit ohne festen Wohnsitz und am Rande der Armut gelingt es Schiller 1783 schließlich, in Mannheim eine Anstellung als Theaterdichter zu bekommen.

Erfolg der Uraufführung

1783 wird auch sein zweites Drama DIE VERSCHWÖRUNG DES FIESKO ZU GENUA in Bonn uraufgeführt, 1784 erscheint das Drama KABALE UND LIEBE.

Mit der Förderung durch den Herzog Carl August zieht Schiller 1787 nach Weimar, wo DOM KARLOS als sein erstes Drama in Versform erscheint.

1789 übernimmt er eine Tätigkeit als Professor für Geschichte in Jena und wird ein Jahr später zum Hofrat ernannt. Im selben Jahr heiratet er Charlotte von Lengefeld. Er erkrankt 1791 an Tuberkulose, von der er sich zeitlebens nicht mehr erholt. Schiller veröffentlicht nun auch mehrere literaturtheoretische Schriften und bekommt 1792 vom revolutionären Frankreich ehrenhalber das französische Bürgerrecht verliehen.

1794 beginnt die Freundschaft mit Goethe. Im darauf folgenden Jahr gründet Schiller die Kulturzeitschrift DIE HOREN und verfasst zahlreiche Gedichte.

1797 wird als Schillers „Balladenjahr“ in die Geschichte eingehen: Er schreibt DIE TAUCHER, DER HANDSCHUH, DIE KRANICHE DES IBYKUS, DER RING DES POLYKRATES.

Im Jahr 1799 zieht er wieder nach Weimar und verfasst das berühmte Gedicht DAS LIED VON DER GLOCKE. Zeitlebens hatte Schiller eigentlich immer mit Geldsorgen zu kämpfen. Nun kann er auch wirtschaftlichen Erfolg verbuchen: sein Jahresgehalt verdoppelt sich auf 400 Taler. In seinen letzten Lebensjahren wendet sich Schiller wieder verstärkt dem Theater zu. 1800 erscheint die WALLENSTEIN-Trilogie und MARIA STUART wird uraufgeführt, ein Jahr später dann erscheint DIE JUNGFRAU VON ORLÉANS. 1804 wird WILHELM TELL als Schillers letztes Drama uraufgeführt.

Friedrich Schiller stirbt am 9. Mai 1805 im Alter von 45 Jahren in Weimar.

2 Inhaltsangabe

Handlungskern: Konflikte im Hause Moor

Den Kern der Handlung bilden die Konflikte der gräflichen Familie von Moor. Das Drama spielt ohne nähere Orts- und Zeitangabe im Franken des 18. Jahrhunderts. Graf Maximilian von Moor befindet sich bereits im fortgeschrittenen Alter und hat zwei Söhne, Karl und Franz. Während der ältere Sohn Karl gut aussehend, gewandt und beliebt ist und in der Gunst des Vaters steht, fühlt sich Franz von Geburt an benachteiligt. Als Zweitgeborener sieht er sich als Erbe im Nachteil. Die Liebe des Vaters, dessen Frau schon lange tot ist, gilt nur Karl und Franz ist zudem aussichtslos in Amalia verliebt, Karls Geliebte. Außerdem wird er als ausnehmend hässlich beschrieben. Franz zeichnet sich durch eine kalte, berechnende Intelligenz aus, mit deren Hilfe er eine diabolisch-geniale Intrige gegen seinen Bruder und seinen Vater entwickelt.

Karl und Franz: auf den ersten Blick zwei ungleiche Brüder

Franz als Intrigant

Es gelingt ihm, durch geschickte Verleumdungen und gefälschte Beweise seinen Bruder, der in Leipzig als Student ein recht lockeres Leben führt, derart in Misskredit zu bringen, dass der Vater Karl enterbt und verflucht. Eine gefälschte Nachricht vom angeblichen Tod Karls soll den Vater, der in Wirklichkeit nicht aufgehört hat, Karl zu lieben, endgültig ins Grab bringen. Der Plan scheint zunächst aufzugehen: Maximilian von Moor bricht scheinbar tot zusammen.

Karl – enterbt und angeblich tot

scheinbarer Tod des Vaters

Als Karl erfährt, dass er enterbt und verstoßen wurde, gründet er vor lauter Wut darüber, von seinem geliebten Vater und der durch ihn repräsentierten Gesellschaft ausgeschlossen zu sein, eine Räuberbande. Schnell wird ihm jedoch klar, dass sein Leben als Rebell nicht nur die von ihm gehasste etablierte Gesellschaft trifft, sondern sich mehr und mehr gegen Unschuldige richtet. Ihm wird deutlich, dass Mitglieder seiner Bande wie der machtgie-

Karl als Räuber

rige Spiegelberg und der sadistische Schufterle keineswegs aus moralisch edlen Motiven handeln. Nach einer Befreiungsaktion, in der eine ganze Stadt dem Erdboden gleichgemacht wird, um einen gefangenen Räuber zu befreien, befallen Karl erste Schuldgefühle. Dennoch schwört er seinen Räubern ewige Treue, nachdem diese sich weigern, ihn an die Obrigkeit auszuliefern, um selbst straffrei auszugehen. Unter Karls Führung gewinnt die Bande eine aussichtslos erscheinende Schlacht gegen eine Armeeeinheit. Als mit Kosinsky jemand zur Bande stößt, der ein scheinbar ähnliches Schicksal trägt wie Karl, entscheidet sich dieser, mit seiner Bande in Richtung des väterlichen Schlosses zurückzukehren. Seine wahre Motivation ist die Liebe zu Amalia.

Franz steht unterdessen auf dem Höhepunkt seiner Macht. Zwar bemerkte er, dass sein Vater nur scheintot war, aber er lässt ihn kurzerhand bei lebendigem Leibe begraben und tritt das Erbe als neuer Graf an. Amalia zeigt ihm jedoch weiter die kalte Schulter und hält an ihrer Liebe zu Karl fest. Unmerklich beginnt Franz' Abstieg: Bei seinem Mitintriganten Hermann, der mit dem Hause Moor noch eine alte Rechnung begleichen wollte, regt sich das schlechte Gewissen. Er offenbart Amalia, dass sowohl Karl als auch Maximilian noch leben. Schließlich trifft Karl in der Heimat ein und verschafft sich unter falschem Namen Zugang zum Schloss. Während Amalia ihn zunächst nicht erkennt, ist Franz schnell klar, wen er vor sich hat. Sein Versuch, Karl ermorden zu lassen, scheitert jedoch und Franz steigert sich immer mehr in einen Verfolgungswahn hinein. Er wird von einer Angst vor der Hölle gepackt, von der ihn auch der schnell herbeigerufene Pastor weder befreien kann noch will. Inzwischen entdeckt Karl, wie dem angeblich toten Vater nachts von Hermann Lebensmittel gebracht werden und befreit den

Amalia hält zu Karl

Karls Rückkehr

Franz' Verzweiflung

Vater. Seine ganze Wut richtet sich nun gegen Franz, dessen Intrige er nun durchschaut. Er will ihn gefangen nehmen lassen. Franz kommt dem durch Selbstmord zuvor.

keine glückliche Wendung möglich

Zum versöhnlichen Ende zwischen Vater, Sohn Karl und Amalia kommt es dennoch nicht: Für den alten Grafen ist die nervliche Belastung nun doch zu groß und er stirbt. Die Räuber erinnern Karl mit Nachdruck an seinen Treueschwur. Einen Ausstieg aus der Bande und eine Rückkehr in ein gesellschaftlich akzeptiertes Leben an der Seite Amalias akzeptieren sie nicht. Amalia möchte nicht ohne Karl weiterleben und fordert Karl auf, sie umzubringen. Er kommt ihrem Wunsch nach. Eine Fortsetzung des Räuberlebens kommt für Karl nun aber auch nicht mehr infrage: Er liefert sich der Justiz aus und verschafft damit einem bedürftigen Mann die auf ihn ausgesetzte Kopfprämie mit den berühmt gewordenen Worten: „Dem Mann kann geholfen werden." (539 f.)

Schiller liest seinen Freunden aus DIE RÄUBER vor, undatierter Holzschnitt, ca. 1781

3 Grundlagen und Hintergründe zu Die Räuber

3.1 Die *Aufklärung* und ihre Schattenseiten

Zwei Jahre nach der Uraufführung der Räuber beantwortete der Königsberger Philosoph Immanuel Kant die Frage, was denn *Aufklärung* eigentlich sei, kurz und bündig: *Aufklärung* sei die Befreiung des Menschen aus einer selbst verschuldeten Unmündigkeit, indem man den Mut entwickele, sich seines eigenen Verstandes zu bedienen; also selbst zu denken, und zwar vernünftig. Damit sind zwei wesentliche Aspekte des ansonsten historisch, philosophisch und soziologisch so vielschichtigen Phänomens *Aufklärung* im 18. Jahrhundert angesprochen: Vernunft (Rationalität) und Freiheit (Autonomie). Alle Bereiche des Lebens, sowohl die privaten wie auch die politischen, sollten auf den Prüfstein der Vernunft, um zu einem besseren, fortschrittlicheren und vor allem freieren Leben zu gelangen.

Kant: *Aufklärung* als Befreiung aus selbst verschuldeter Unmündigkeit

Rationalität und Autonomie

Fortschritt und Freiheit

Die *Aufklärung* ist nicht nur eine komplexe philosophische Strömung, sondern ein Lebensgefühl, das der gleichnamige Kupferstich von Daniel Chodowiecki auf den Punkt bringt: Die Sonne der Vernunft geht am Horizont auf und vertreibt den Nebel der Unwissenheit, des Aberglaubens und der Intoleranz, der noch über dem abgebildeten Dorf liegt. Die Kutsche der Menschheitsgeschichte bahnt sich kurvenreich, aber doch unaufhaltsam ihren Weg dieser Sonne entgegen.

Daniel Chodowiecki (1726–1801): *Aufklärung*

Wissenschaftlicher Fortschritt und kluge Agrar- und Wirtschaftspolitik sollten für einen besseren und gesünderen Lebensstandard sorgen, vernünftige Toleranz an die Stelle des religiösen Fanatismus und der Religionskriege des 17. Jahrhunderts treten. Bildung, v.a. das Lernen von Lesen und Schreiben, sollte breitere Bevölkerungsschichten in die Lage versetzen, sich auch tatsächlich ihres eigenen Verstandes zu bedienen. Träger dieser Bewegung war vor allem das Bürgertum, dessen gesellschaftlicher Aufstieg Wurzeln bis ins hohe Mittelalter hat. Rationalität und Bildung waren für die Tätigkeiten der Bürger in Handel und Wirtschaft unabdingbar – ebenso wie eine gewisse kulturelle und religiöse Toleranz.

Bildung als Ziel der *Aufklärung*

das Bürgertum als Träger der *Aufklärung*

Wenn die Rationalität des Menschen Ausgangspunkt aller Überlegungen ist, geraten konsequenterweise auf Tradition und Glauben beruhende Systeme unter Beschuss: Die vernünftige Einsicht in die Gleichheit aller Menschen verträgt sich nicht mit der Ungleichheit der Ständegesellschaft und den traditionell verankerten Privilegien von Adel und Klerus. Auch die absolute Herrschaft eines Monarchen wurde zunehmend als unvernünftig und ungerecht empfunden. Der Philosoph Montesquieu forderte eine Teilung der im Absolutismus beim König gebündelten Herrschaftsgewalt. Aus der Idee der Gleichheit wurden unveräußerliche Menschenrechte abgeleitet, die der Willkür der herrschenden Schichten Einhalt gebieten sollten.

Gesellschafts- und Traditionskritik

Gleichheit, Menschenrechte, Gewaltenteilung

Auch die christliche Religion sollte endlich vernünftig und vom Aberglauben befreit werden. Die biblische Botschaft galt vielen Aufklärern wie z.B. Voltaire nicht nur als widersprüchlich, sondern auch als irrational mit all ihren übernatürlichen Phänomenen. Wenn schon der Glaube an ein übernatürliches Wesen beibehalten werden sollte – zum Beispiel aus moralischen Gründen, weil ansonsten den Menschen moralische Grundsätze nicht mehr vermittelbar seien –, dann sollte dieser Gott wenigstens vernünftig sein: Der Deismus vertrat den Glauben an ein

Religionskritik: Die Religion soll vernünftig werden.

absolutes, übersinnliches Wesen, das die Grundursache aller Existenz ist, aber nicht willkürlich in die Welt und ihre Geschichte eingreift: Ein guter Uhrmacher müsse an seiner Uhr ja auch nicht ständig herumreparieren.

Deismus: Gott als „Uhrmacher"

Der Kunst, vor allem der Literatur und dem Theater, kam im Projekt der *Aufklärung* eine entscheidende Funktion zu: Auf angenehme, unterhaltsame Art und Weise sollten die Menschen gebildet und im Rahmen einer vernünftigen Moral erzogen werden. Das Schöne sollte dem Wahren und Guten dienen. In diesen Bahnen denkt auch Schiller in seinen Überlegungen zur Funktion des Theaters. In der Karlsschule war er nicht nur mit dem Denken der *Aufklärung* in Berührung gekommen, sondern erlebte am eigenen Leib den krassen Gegensatz zwischen freiem, aufgeklärtem Denken und der harten Realität spätabsolutistischer Herrschaft, die nicht auf Freiheit, sondern auf Befehl und Gehorsam basierte. Die Frage, wie Freiheit möglich sein und gelingen kann, wurde für ihn zur zentralen Frage seines Lebens. Allerdings ist Schiller mehr und anderes als der pathetische Dichter der Freiheit, zu dem er oft stilisiert wurde und noch wird: Gerade sein Erstlingswerk Die Räuber zeigt alles andere als einen undifferenzierten Aufklärungs-, Fortschritts- und Freiheitsoptimismus.

aufklärerische Bildungsfunktion der Kunst

➤ siehe Kap. 3.4

Schillers zentrale Frage nach der Möglichkeit von Freiheit

In Die Räuber begegnen wir einer *Aufklärung*, die sich selbst genauso kritisch unter die Lupe nimmt, wie sie dies mit traditionellen und religiösen Entwürfen tut. Zwar wird die traditionelle Gesellschaftsordnung mehr als nur indirekt kritisiert: Sozialphilosophisch betrachtet zeigt die Schwäche des alten Grafen den Autoritätsverlust der absolutistischen, vormodernen Gesellschaftordnung, die ein Graf zwangsläufig verkörpert. Das Unbehagliche des Dramas besteht darin, dass weder die Repräsentanten der vormodernen Gesellschaft noch die der aufklärerischen

selbstkritische *Aufklärung* in Die Räuber

Absolutismuskritik

Werte Freiheit (Karl) und Rationalität (Franz) besonders positiv dargestellt werden. Das Stück wirft unangenehme Fragen auf: Führt mehr Vernunft wirklich zu mehr Moral? Kann man nicht so wie Franz völlig rational handeln und gleichzeitig – oder sogar gerade deshalb – von allen moralischen Fesseln befreit nur den eigenen Vorteil suchen (Zweckrationalität)? Lassen sich traditionelle religiöse Überzeugungen tatsächlich rational widerlegen? Am Ende seines Lebens gelingt Franz dies nicht mehr und er bringt sich letztlich vor lauter Höllenangst um. Lässt sich überhaupt alles und vor allem die menschliche Psyche rational manipulieren? Interessanterweise wirkt Franz' rationale Manipulation lediglich bei seinem Vater, nicht aber bei Amalia. Dies verdeutlicht einerseits die Persönlichkeitsschwäche Maximilians und die -stärke Amalias, zeigt andererseits aber auch die Grenze des Weltbilds von Franz: Ist der Mensch am Ende doch mehr als eine Geist-Körper-Maschine, die sich beliebig manipulieren lässt, wenn nur an den richtigen Stellschrauben gedreht wird?

unangenehme Fragen an die *Aufklärung*

Der Mensch – mehr als eine Maschine?

Aber auch die Figur Karl lässt einige kritische Fragen an den aufgeklärten Fortschrittsoptimismus aufkommen, obwohl Karls Handeln weniger von Rationalität als von Emotionalität geprägt ist. Aber genau da schließt sich die erste Frage an: Ist das Freiheitsstreben des Menschen überhaupt immer rational motiviert? Bei Karl spielen andere Faktoren die entscheidende Rolle. Die brutalen Aktionen der Räuber im Namen der Rebellion gegen ungerecht und willkürlich herrschende Schichten zeigen die Zwiespältigkeit eines gewaltsamen politischen Protests: Kann nicht die Rebellion gegen die Ungerechtigkeit der traditionellen Gesellschaft zu neuer Brutalität und Willkür führen, wenn erst einmal nach dem Prinzip gehandelt wird, dass der Zweck die Mittel heiligt? Wohlgemerkt wurden DIE RÄUBER mehr als zehn Jahre *vor* der Terrorherrschaft der

Ist Gewalt legitim?

Jakobiner in Frankreich im Namen von Freiheit, Gleichheit und Brüderlichkeit geschrieben.

Die literarische und philosophische Modernität Schillers besteht nicht zuletzt darin, dass er diese unangenehmen Fragen zwar stellt, aber keine Antworten gibt. Damit keine Missverständnisse auftreten: Schiller soll hier nicht vom Helden der *Aufklärung* in einen Antiaufklärer umgeschrieben werden. Die Besonderheit des Dramas besteht vielmehr darin, dass er ganz im Sinne der *Aufklärung* sie ihr kritisches Denken gegen sich selbst richten lässt – eine Art Aufklärung der *Aufklärung*. Damit bereitet Schiller einer Denkbewegung den Weg, die im 20. Jahrhundert konsequent vollzogen wird, etwa von Philosophen wie Max Horkheimer und Theodor W. Adorno. Die beiden sprechen von einer „Dialektik der Aufklärung" im Sinne der dargestellten Zwiespältigkeiten und Ambivalenzen aufklärerischen Denkens und Handelns.

Schillers Modernität: keine einfachen Antworten

Dialektik der *Aufklärung*

Die Ambivalenz der *Aufklärung* in DIE RÄUBER

positive Aspekte	negative Aspekte
■ Kritik an ungerechten, willkürlichen und korrupten absolutistischen Herrschaftsformen (z. B. in der Kosinsky-Episode) ■ Kirchenkritik (z. B. im Gespräch zwischen Karl und dem Pater) ■ Freiheitsrechte des Individuums werden betont (Karl-Figur) ■ Vorrang der Liebe vor gesellschaftlichen Konventionen (Amalia-Figur)	■ Rationalität kann auch als Zweckrationalität für unmoralische Zwecke eingesetzt werden. (Franz-Figur) ■ schrankenlose Freiheit des Individuums geht zu Lasten der Schwachen (Karls Rachefeldzug, Franz' Philosophie vom Recht des Stärkeren) ■ rationale Kritik an nicht beweisbarer Religion kann auch zu Lasten der Sinngrundlage des Lebens führen (Franz' Verzweiflung am Ende)

3.2 Die Räuber und der *Sturm und Drang*

Der Name *Sturm und Drang* für eine literarhistorische Strömung leitet sich eigentlich vom Titel des gleichnamigen Schauspiels von Friedrich Maximilian Klinger (1752–1831) ab und wurde erst im 19. Jahrhundert als Epochenbezeichnung benutzt.

Kritik am einengenden Rationalitätsbegriff

Sie diente und dient fortan als **Sammelbegriff für Autoren und Texte, die sich von einem zu engen Korsett der Rationalität allgemein und literarischer Normen und Regeln im Besonderen lösen wollten.** Stattdessen sollte Literatur der freie, ungebundene, authentische Ausdruck des Individuums sein. Der Dichter wurde als Genie verstanden, dessen Genialität nicht darin besteht, literarischen Konventionen perfekt zu folgen – seien diese auch noch so „vernünftig" –, sondern Neues, Unerhörtes zu schaffen.

Die
Räuber.
Ein Schauspiel
von fünf Akten,
herausgegeben
von
Friderich Schiller.
Zwote verbesserte Auflage.
Frankfurt und Leipzig
bei Tobias Löffler.

Die zweite Auflage der Räuber mit dem provokanten Motto „In Thyrannos" – wider die Tyrannen

Neues statt Konventionelles

Damit wird aber auch deutlich, dass man den *Sturm und Drang* nicht so einfach gegen die *Aufklärung* ausspielen darf: Zwar betont der *Sturm und Drang* das authentische, individuelle Gefühl gegen die kalte, berechnende Vernunft, aber auf der anderen Seite ist das Idealbild des freien, authentischen Individuums sowie der Vorzug des Neuen gegenüber dem Alten, Traditionellen nicht ohne die *Aufklärung* zu denken. Der *Sturm und Drang* ist also eher als eine Strömung innerhalb der *Aufklärung* denn als eine gegen oder nach der *Aufklärung* zu bezeichnen.

Genieästhetik: das freie, authentische Individuum als Ideal

keine Strömung gegen, sondern in der Auflärung

Dabei hatten die Stürmer und Dränger durchaus ihre Vorbilder: Neben der antiken Heldendichtung war es vor allem Shakespeare, dessen kraftvolle und als authentisch empfundene Sprache es z.B. dem jungen Goethe angetan hatte. In seiner Rede „Zum Schäkespeares Tag“ verknüpft er beides: „Er wetteiferte mit dem Prometheus, bildete ihm Zug vor Zug seine Menschen nach, nur in Kolossalischer Größe.“ (J.W. Goethe: Sämtliche Werke nach Epochen seines Schaffens, hg. von Karl Richter u.a., Bd I.2, S. 414) In den Vorbildern Shakespeare und des mythologischen Titanen Prometheus, der dem Göttervater Zeus die Stirn bietet, zeigt sich das Lebensgefühl der Stürmer und Dränger: Erst in der Rebellion gegen einengende gesellschaftliche Konventionen, erst als authentisches Genie findet der Mensch und vor allem der Künstler seine wahre Bestimmung. Stürmer und Dränger wie der junge Goethe, Jakob Michael Reinhold Lenz und der schon erwähnte Klinger liebten die Provokation: Bei Trinkgelagen wurden die Gläser kurzerhand aus dem Fenster geworfen und durch Urnen ersetzt, die man zuvor aus einem Grabhügel entwendet hatte; Klinger aß rohes Pferdefleisch. Die Haare wurden ebenso offen getragen wie das Hemd, am besten bis zum Bauchnabel.

Shakespeare als Vorbild

bewusste Provokationen

In Die Räuber trägt Karl Moor typische Züge eines Stürmers und Drängers. Er wird jedoch von Beginn an eher als tragische Karikatur eines wilden Rebellen gezeichnet: Im ersten Akt gerät sein Entschluss zum Ausstieg aus der angesehenen Gesellschaft erst zur literarischen Pose, die gerade *nicht* authentisch ist („Mir ekelt vor diesem tintenklecksenden Säkulum, wenn ich in meinem Plutarch lese von großen Menschen.“ 454 ff.), dann zum beleidigten Racheplan desjenigen, der gerne Teil der etablierten Gesellschaft gewesen wäre, aber von dieser zurückgewiesen wird („Oh ich möchte den Ozean vergiften, daß sie

Karl Moor – Karikatur eines Stürmers und Drängers?

den Tod aus allen Quellen saufen!" 992 f.). Zwar lästert Karl zunächst in der Pose des Originalgenies über das „schlappe Kastraten-Jahrhundert" (487 f.) und stellt seine Freiheit über das Gesetz: „Das Gesetz hat noch keinen großen Mann gebildet, aber die Freiheit brütet Kolosse und Extremitäten aus." (521 ff.) Jedoch relativiert er all dies kurz darauf: „Aber es war nur im Dampfe des Weins, und mein Herz hörte nicht, was meine Zunge prahlte." (613 ff.) Anders als Spiegelberg wird er nicht aus ideologischer Überzeugung zum Rebellen, sondern aus persönlicher Enttäuschung über die Zurückweisung durch seinen Vater: „Ich hab ihn so unaussprechlich geliebt! so liebte kein Sohn, ich hätte tausend Leben für ihn – *(schäumend auf die Erde stampfend)* ha! wer mir itzt ein Schwert in die Hand gäb, dieser Otterbrut eine brennende Wunde zu versetzen!" (1010 ff.) Spiegelberg dagegen ist entschlossen, mit der Existenzweise des freien, an keine Gesetze gebundenen Originalgenies ernst zu machen: „Große Gedanken dämmern auf in meiner Seele! Riesenplane gären in meinem schöpferischen Schädel." (677 ff.) Bezeichnenderweise entpuppt er sich im weiteren Verlauf der Handlung nicht als genialer Held, sondern als brutales Monster, das über Leichen geht. Dies unterstreicht die ambivalente, distanzierte Haltung, die das Stück dem Geniekult des *Sturm und Drang* entgegenbringt.

Relativierung einer Pose

Rebell aus persönlicher Verletzung

Distanz zum Geniekult

Diese Ambivalenz zeigt sich auch in der sprachlichen Gestaltung des Dramas: Einerseits verzichtet es auf eine als künstlich empfundene Verssprache und verwendet bisweilen durchaus eine für den *Sturm und Drang* typische derbe Sprache mit ausgeprägten sexuellen Konnotationen:

> *Da krabbeln sie nun wie die Ratten auf der Keule des Herkules, und studieren sich das Mark aus dem Schädel, was das für ein Ding sei, das er in seinen Hoden geführt hat?* (462 ff.)

Andererseits wird bewusst markiert, dass diese Sprache eben nur scheinbar authentisch und tatsächlich eine künstliche Pose ist: „Das ist ja recht alexandrinisch geflennt." (475) Der Alexandriner ist ein streng reglementiertes antikes Versmaß. Darüber hinaus wird die derbe, vulgäre und kein Satzende findende Sprache des *Sturm und Drang* vor allem dafür eingesetzt, die Gräueltaten der Räuber – allen voran Spiegelbergs – möglichst anschaulich und abstoßend darzustellen wie in der Schilderung des Überfalls auf ein Nonnenkloster im zweiten Akt (S. 71 f.).

Die Sprache – künstliche Authentizität?

Ebenso wie die Satzgrammatik in der Erzählung SPIEGELBERGS keine Regel und Grenze kennt, setzt er sich auch über alle moralischen Normen hinweg: Die gegen alle Regeln und Gesetze rebellierende Pose des *Sturm und Drang* demaskiert sich hier selbst. Dies verdeutlicht noch einmal die für Schiller so bedrängende **Ambivalenz der Freiheitsidee:** Auf der einen Seite steht das Recht Freiheit einzufordern als Gegensatz zur unterdrückenden Fremdbestimmung der spätabsolutistischen Gesellschaft, andererseits kann sie, wenn sie sich selbst gegen andere verabsolutiert, zu neuer Barbarei führen.

die dunkle Seite des Geniekults

3.3 Die spätabsolutistische Gesellschaft und ihre „Outlaws" – Der historische Hintergrund des Räubertums

Schiller zeichnet in seinem Drama **keineswegs ein romantisch verklärtes Bild des Räuberwesens.** Die Mitglieder der Bande bestehen hauptsächlich aus sozialen Absteigern kleinbürgerlicher Schichten. In diesem Sinne äußert sich Spiegelberg im zweiten Akt:

kein romantisches Räuberbild

> *war dir ein armer hungriger Tropf, hatte nichts als diesen Stab, da ich über den Jordan ging, und itzt sind unserer achtundsiebenzig, meistens ruinierte Krämer,*

rejizierte Magister und Schreiber aus den schwäbischen Provinzen. (1918 ff.)

Sammelbecken für soziale Absteiger

Neben literarischen Anspielungen auf den Spitzbubenkönig Dominique Cartouche, Cervantes' Don Quixote und Robin Hood, prägen die Erfahrungen der gesellschaftlichen Realität das Bild der Räuberbande. Mitte des Jahrhunderts vagabundierte die sogenannte Löw-Bande durch Württemberg. Eines ihrer Mitglieder war der „Sonnenwirt", der wegen kleinerer Verbrechen zuvor sehr hart bestraft wurde und daraufhin als Räuber Rache nehmen wollte. Er wurde 1761 hingerichtet. Dieses Rache-Motiv verarbeitet Schiller nicht nur im Drama, sondern später noch einmal in der Erzählung VERBRECHER AUS INFAMIE (1786).

reale und literarische Vorbilder

Räuberbanden waren im 18. Jahrhundert kein exotisches Phänomen. Sozialer Abstieg, Kriege und Hungersnöte trieb viele Menschen, vor allem nicht abgesicherte Akademiker und Mitglieder kleinbürgerlicher Schichten, in die Kriminalität. Zeitgenössische amtliche Quellen sprechen von Banden mit bis zu 1500 Räubern, die über Landesgrenzen hinweg vagabundierend operierten. Anders als heute verfügte der spätabsolutistische Staat über keine Instrumente, um Hungerkrisen und Massenarmut zu verhindern. Darüber hinaus gelang es ihm auch nicht, dem Räubertum durch polizeiliche Maßnahmen nachhaltig zu begegnen. An diesem sozialen Phänomen wird deutlich, wie abgewirtschaftet das spätabsolutistische System Ende des 18. Jahrhunderts ist. Auch dies wird im Drama schonungslos geschildert, als Spiegelberg davon berichtet, wie leicht er neue Mitglieder der Bande werben kann:

Vaganten als Massenphänomen des 18. Jahrhunderts

Krise des Spätabsolutismus

So ist dein erstes, wenn du in die Stadt kommst, du ziehst bei den Bettelvögten, Stadtpatrollanten und Zuchtknechten Kundschaft ein, wer so am fleißigsten bei ihnen einspreche, die Ehre gebe, und diese Kunden suchst du auf – ferner nistest du dich in die Kaffeehäuser, Bordelle, Wirtshäuser ein, spähst, sondierst, wer am meisten über die wohlfeile Zeit, die fünf Prozent, über die einreißende Pest der Polizeiverbesserungen schreit, wer am meisten über die Regierung schimpft […] (2038 ff.)

Für die wachsenden städtischen Unterschichten konnten Arbeitslosigkeit oder eine Hungersnot den Verlust der Existenzgrundlage bedeuten, was sie scharenweise zu einer unsicheren Vagantenexistenz verdammte, in der die Grenze zur Kriminalität schnell überschritten wurde. Die Ziele der Bande stellt Schiller als Mischung aus materieller Bereicherung und Rebellion gegen das morsche politische System dar. Dies entspricht durchaus dem realen historischen Phänomen, wie es sich beispielsweise am bayerischen Sozialrebellen Hiasl zeigt, der im Volk überaus populär war und dort auch tatkräftige Unterstützung fand. Der „Bayerische Hiasl" (eigentlich Matthias Klostermayer) überfiel als Wilderer und Anführer einer Räuberbande auch immer wieder öffentliche Einrichtungen. Klostermayer war ein Vorbild für die Konzeption der Karl-Figur.

soziale Krisenphänomene

Schätzungen zufolge zogen bis zu zehn Prozent der Bevölkerung im 18. Jahrhundert als Vaganten ohne festen Wohnsitz umher. Durch Arbeitsnachweise und Aufenthaltsgenehmigungen sowie immer drakonischere Strafen sollte dem Einhalt geboten werden – ohne Erfolg. Zum Teil wurde sogar Militär gegen die Landstreicher eingesetzt, die drakonischen Strafen reichten von Prügel und Auspeitschung bis zum Brandmarken mit glühendem Eisen, dem Verkauf als Galeerensträfling nach Italien und schließlich der Todesstrafe. Allein in Burghausen, bis heute weder politisch noch sportlich der Nabel der Welt, wurden zwischen 1748 und 1776 1100 Vaganten hingerichtet.

zunächst erfolglose Gegenmaßnahmen

drakonische Strafen

Das organisierte Räubertum operierte vor allem in Süd- und Mitteldeutschland sowie im Rheinland. Korrupte Beamte und eine eigene Geheimsprache, das Rotwelsch, halfen den Banden gegen die oft recht hilflose Ordnungsmacht. Dies änderte sich erst um die Jahrhundertwende zum 19. Jahrhundert. Ein effektiverer Polizei- und Justizapparat dämmte die organisierte Kriminalität bis zum ersten Drittel des 19. Jahrhunderts deutlich ein: Der legendäre Schinderhannes wurde z.B. 1803 hingerichtet.

Das Räuberwesen als Krisenphänomen der spätabsolutistischen Gesellschaft

- unzureichende Versorgung der Bevölkerung: Hungerkrisen bei Missernten, Seuchen und Unwettern
- Anwachsen städtischer Unterschichten: Arbeitslosigkeit und Perspektivlosigkeit auch für viele Kleinbürger und Akademiker
- mangelhafte, schlecht organisierte und oft korrupte Verwaltung und Justiz

➤ Bis zu 10 % der Bevölkerung des 18. Jahrhunderts ziehen als Vaganten ohne festen Wohnsitz umher, bilden oft Räuberbanden, denen die öffentliche Macht lange hilflos gegenübersteht.

3.4 „Was kann eine gute stehende Schaubühne eigentlich wirken?“ – Dramentheoretische Grundlagen von Die Räuber

Die Frage aus der Überschrift stellt Schiller sich und seinem Publikum in einer Rede aus dem Jahr 1784. **Im 18. Jahrhundert wurde das Theater von Dramatikern wie Lessing und auch Schiller verstärkt als Medium der kulturellen Bildung neu entdeckt und gegen den Vorwurf verteidigt, eine Scheinwelt moralisch zweifelhafter Lügen aufzubauen.** Prägend wirkte die Hamburgische Dramaturgie (1767) Gotthold Ephraim Lessings, der sich sowohl von dem als unrealistisch und erstarrt empfundenen höfischen Theater als auch von den derb-vulgären Stücken umherziehender Theatertruppen distanziert. Im

Theater als Medium der Bildung

Zentrum steht zum einen die Forderung nach realistischeren, weniger schwarz-weiß gezeichneten Figuren und zum anderen das Ziel der moralischen Erziehung der Zuschauer. Letzteres kann, so Lessing, nur gelingen, wenn die Zuschauer sich in die Figuren einfühlen können, was wiederum nur dann gelingt, wenn die erste Bedingung erfüllt ist, die Figuren also differenziert ausgestaltet sind. Ebenso wie ältere Ansätze knüpft auch Lessing an Aristoteles an. *Phobos*, landläufig mit Furcht übersetzt, soll eine moralische Läuterung *(Katharsis)* bewirken. Während im höfischen Trauerspiel jedoch die Furcht im Sinne von Angst und Schrecken verstanden wurde, denkt Lessing eher an vernünftiges Mitleid – die aufgeklärte Grundausrichtung wird erkennbar. An die Stelle der starren antiken Forderung der drei Einheiten von Ort (keine Ortswechsel), Zeit (keine Zeitsprünge) und Handlung (keine verworrenen Nebenhandlungen) setzt Lessing die Forderung der Wahrscheinlichkeit – ebenfalls dem aufgeklärten Vernunftideal entsprechend.

Lessing: moralische Erziehung durch Mitleid

Abgrenzung vom höfischen Trauerspiel

Während Lessings Mitleidsideal eher darauf ausgerichtet ist, Emotionen vernünftig zu steuern und zu kanalisieren, zielen DIE RÄUBER durchaus darauf ab, Gefühle zu erzeugen bzw. zu verstärken – mit Erfolg: Bei der Uraufführung soll es laut Augenzeugenberichten zu tumultartigen Szenen gekommen sein:

Affekterzeugung als Ziel der RÄUBER

> *Das Theater glich einem Irrenhaus, rollende Augen, geballte Fäuste, stampfende Füße, heisere Aufschreie im Zuschauerraum! Fremde Menschen fielen einander schluchzend in die Arme, Frauen wankten, einer Ohnmacht nahe, zur Thüre.* (Zitiert nach Luserke-Jaqui, S. 241)

Dafür verantwortlich dürfte einerseits die derbe und plastische Sprache sein – auf Verssprache wurde bewusst verzichtet, vor allem aber eine Handlung, die immer wieder auf Überraschungseffekte, Wendungen und Cliffhanger

Der Erfolg der RÄUBER im Comic – Horus: SCHILLER! EINE COMICNOVELLE

setzt, sowie eine psychologisch raffinierte Charakterzeichnung der Figuren. Dabei geht es Schiller keineswegs darum, Gefühle an sich – etwa im Sinne des Geniegedankens im *Sturm und Drang* – positiv darzustellen. In seiner Vorrede gibt er das neutrale Ziel an, „die Seele gleichsam bei ihren geheimsten Operationen [...] ertappen" (TA, Materialien S. 200) zu wollen. Die Emotionalität v. a. Karls wird dabei nicht nur in ihren positiven Seiten, z. B. seiner Liebe zu Amalia, dargestellt, sondern auch im destruktiven Rachedurst und der selbstmitleidigen Melancholie. Umgekehrt wird auch die Bosheit von Franz, dem sein Bruder von klein an vorgezogen wurde, psychologisch nachvollziehbar gestaltet. Da sich im Drama eher reflexionsorientierte Szenen mit philosophischen Gedankengängen mit solchen abwechseln, die Emotionen erregen, sollen auch die Zuschauer in die Lage versetzt werden, ihren eigenen Gefühlen sozusagen zuzuschauen, sich so besser kennenzulernen und auf diese Weise moralisch im Sinne einer Katharsis gebildet zu werden. Hier geht es allerdings nicht nur um vernünftig gemäßigtes Mitleid im Sinne Lessings, sondern durchaus um Furcht und Schrecken – Schiller verwendet den Begriff des Schauders:

Zwiespältigkeit der Emotionen

Katharsis: Kennenlernen der eigenen Emotionen

Der Zuschauer weine heute vor unserer Bühne – und schaudere – und lerne seine Leidenschaften unter die Gesetze der Religion und des Verstandes beugen. (TA, Materialien S. 204 f.)

Zwar bleibt die Erziehung zu vernünftiger Moral das Ziel, zunächst aber soll die ganze Spannbreite der Emotionen angeregt und so erst überwindbar werden. vernünftige Moral bleibt Ziel

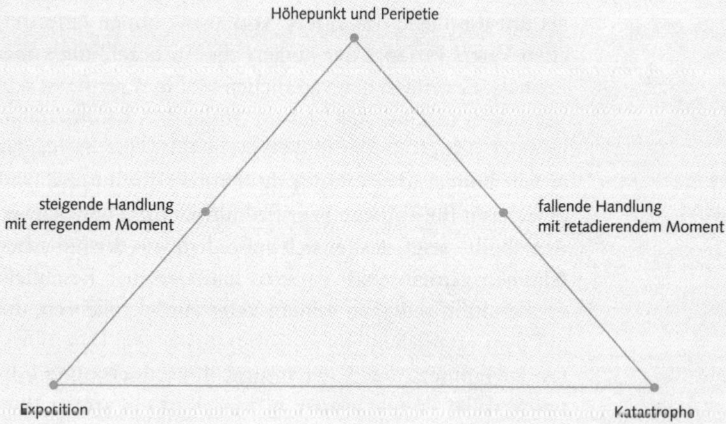

1. Akt – Exposition: Der Grundkonflikt und die handelnden Figuren werden eingeführt – hier die Intrige des Franz und die konfliktträchtige Familienkonstellation.

2. Akt – Steigende Handlung: Verschärfung des Grundkonflikts – hier die zweite Intrige Franz' (Vortäuschung von Karls Tod), der scheinbare Tod des Vaters und die unumkehrbare Bindung Karls an die Räuberbande.

3. Akt – Höhepunkt und Peripetie (Wendepunkt): Im kurzen dritten Akt dominiert der Aspekt des Wendepunkts: Das Scheitern von Franz' Plänen deutet sich an, Karl beschließt nach Hause zurückzukehren.

4. Akt – fallende Handlung mit retardierendem (herauszögerndem) Moment: Die Katastrophe wird herausgezögert, eine Lösung scheint möglich zu sein: Franz' Intrige fliegt auf, der totgeglaubte Vater wird von Karl befreit.

5. Akt – Katastrophe: Tod von Franz, Maximilian und Amalia, Selbstauslieferung Karls

Der Aufbau des Dramas (Schema nach Gustav Freytag)

3.5 Verlorene Söhne, sterbende Helden: Biblische und mythologische Motive

Biblische Motive

Die Geschichte Karl Moors wird immer wieder in direkten Anspielungen vor den Hintergrund des biblischen Gleichnisses vom verlorenen Sohn (Lk 15,11–32) gestellt. In dem Gleichnis, das nur von dem Evangelisten Lukas überliefert wird, geht es allerdings weniger um den Sohn als um die Liebe des Vaters: Von zwei Söhnen eines reichen Vaters verlangt der jüngere die Ausbezahlung seines Erbteils. Er verlässt den väterlichen Hof und verprasst sein Vermögen in kürzester Zeit im Ausland. Als Konsequenz muss er sich als Bettler und Schweinehirte durchschlagen; er lebt hungernd am Rande des Existenzminimums. Dass er sich mit für jüdische Begriffe kultisch unreinen Schweinen abgibt, zeigt, dass er sich außerdem von der jüdischen Glaubensgemeinschaft entfernt hat. Dennoch beschließt er daraufhin reuig, zu seinem Vater zurückzukehren, um auf dem väterlichen Hof als Lohnarbeiter sein Dasein fristen zu können. Der Vater nimmt ihn jedoch ohne Vorwürfe voller Freude wieder auf und lässt ein großes Wiedersehensfest veranstalten. Dies wiederum missfällt dem anderen Sohn, der kein Verständnis für die Bereitschaft des Vaters aufbringt, ohne Vorbehalte zu verzeihen. Die Kernaussage des Gleichnisses zielt auf Gottes Bereitschaft, jedem zu verzeihen, der im übertragenen Sinne bereit ist umzukehren.

Gleichnis vom verlorenen Sohn

Vergebung ohne Vorbehalte

Anders als sein biblisches Vorbild entfernt sich Karl nicht aus eigenem Antrieb, sondern als Ergebnis der Intrige seines Bruders vom Vater. Anders auch als im lukanischen Gleichnis kehrt Karl ohne wirkliche Hoffnung auf Versöhnung zurück, auch wenn er in der Szene, in der er sich für die Rückkehr entscheidet, das bibliche Gleichnis zitiert: „daß ich werden dürfte wie dieser Tagelöhner einer“ (3031 f.). Diese Hoffnung fehlt auch seinem Vater: In Umkehrung der biblischen Konstellation sagt der Alte: „Ich habe gesündigt im Himmel und vor dir. Ich bin nicht wert, daß du mich Vater nennst.“ (5051 f.) Im Vergleich zum biblischen Vorbild wurde lediglich „Sohn“ durch „Vater“ ersetzt. (vgl. Lk 15,21) Während im Gleichnis Versöhnung und Vergebung gelingen, scheitert dies hier jedoch daran, dass Karl nicht an die Vergebung seiner Taten als Räuberhauptmann glauben kann – weder durch seinen Vater noch durch Amalia: „Reißt sie von meinem Halse! Tötet sie! Tötet ihn! mich! euch! alles! Die ganze Welt geh zugrunde!“ (5171 ff.) Auch hier steigert er den Glauben an die Ausweglosigkeit seiner Situation ins Universelle. Durch das biblische Gleichnis als Kontrastfolie wird deutlich, dass das tragische Ende des Dramas keineswegs als unausweichlich dargestellt wird, sondern eine Konsequenz des Fatalismus der handelnden Figuren ist: Da keiner an die Möglichkeit von Vergebung und Neuanfang glaubt, scheitern sie – eine *self-fullfilling-prophecy.*

Vergebung scheitert in DIE RÄUBER

Fatalismus der handelnden Figuren

Im weitesten Sinne apokalyptische Motive formen eine zweite wichtige biblische Kontrastfolie. Interessanterweise verknüpft das Stück sowohl die Karl- als auch die Franz-Handlung mit diesen Motiven. Im zweiten Akt vergleicht der Räuber Roller die Zerstörung der Stadt im Rahmen seiner Rettung vor dem Galgen mit der Zerstörung der biblischen Städte Sodom und Gomorrha (Gen 18,19 – 19, 29):

apokalyptische Motive

> *da lag die Stadt wie Gomorrha und Sodom, der ganze Horizont war Feuer, Schwefel und Rauch, vierzig Gebürge brüllen den infernalischen Schwank in die Rund herum nach, ein panischer Schreck schmeißt alle zu Boden.* (2304 ff.)

Auch diesmal steht jedoch der Kontrast im Vordergrund: Die Pointe der biblischen Erzählung besteht nicht darin, einen brutalen und rachsüchtigen Gott darzustellen, sondern einen, dem es um Gerechtigkeit geht: Gott lässt sich auf eine Diskussion mit Abraham ein, der davor warnt, zugleich mit den Ungerechten auch die Gerechten zu bestrafen. Daraufhin schickt Gott drei Engel in die Städte, die die Familie Lots als einzig gerechte ausfindig macht. Lots Familie wird daraufhin gerettet, allerdings erstarrt seine Frau zur Salzsäule, weil sie sich trotz einer entsprechenden Warnung noch einmal nach der zerstörten Stadt umschaut. Demgegenüber wird in Schillers Drama besonders betont, dass es die Wehrlosen und Unschuldigen waren, die unter der Zerstörung der Stadt besonders zu leiden hatten und dass es Karls Bande nicht wie ihrem Anführer um eine noble Befreiungstat und die Abrechnung mit der Doppelmoral einer korrupten Stadt ging, sondern darum, sich zu bereichern und ihren Sadismus zu befriedigen.

Rache oder Gerechtigkeit?

Zerstörung der Stadt als moralischer Bankrott der Räuber

Auch in Bezug auf Franz spielen biblisch-apokalyptische Motive eine wichtige Rolle: Im fünften Akt überfällt ihn eine nicht zu verdrängende Höllenangst in Form eines apokalyptischen Traums im Stile der Offenbarung des Johannes:

Franz' Höllenangst

> *Plötzlich traf ein ungeheurer Donner mein schlummerndes Ohr, ich taumelte bebend auf, und siehe, da war mirs, als säh ich aufflammen den ganzen Horizont in feuriger Lohe, und Berge und Städte und Wälder, wie Wachs im Ofen zerschmolzen, und eine heulende Windsbraut fegte von hinnen Meer, Himmel und Erde – da erscholls wie aus ehernen Posaunen: Erde, gib deine Toten, gib deine Toten, Meer! und das nackte Gefild begonn zu kreißen, und aufzuwerfen Schädel und Rippen und Kinnbacken und Beine, die sich zusammenzogen in menschliche Leiber, und daherströmten unübersehlich, ein lebendiger Sturm:*

Damals sah ich aufwärts, und siehe, ich stand am Fuß des donnernden Sina, und über mir Gewimmel und unter mir, und oben auf der Höhe des Bergs auf drei rauchenden Stühlen drei Männer, vor deren Blick flohe die Kreatur. (4639 ff.)

Zunächst verdeutlicht der Traum, dass Franz offenbar stärker christlich sozialisiert ist, als ihm selbst lieb ist: Von Höllenangst gepackt fürchtet er, der sonst so kalte Materialist und Atheist, sich vor dem Richterstuhl Gottes verantworten zu müssen und wegen seiner Sünden als Einziger verdammt zu werden. Auch hier erweist sich ein Blick auf die Intention des biblischen Textes als erhellend: Die apokalyptischen Untergangsszenarien der Offenbarung des Johannes richten sich als Hoffnungsbotschaft an verfolgte Christengemeinden (vermutlich zur Zeit des Kaisers Domitian): Die Zeit der Unterdrückung durch eine als gottlos empfundene römische Gesellschaft geht vorüber, am Ende steht eine Gerechtigkeit, die auch die Toten mit einbezieht. Während es im biblischen Text also in Wirklichkeit um Neuanfang und Hoffnung geht, ist Franz von Angst vor dem Ende bestimmt. Er sieht sich als Einzigen von Hoffnung und Vergebung ausgeschlossen („Gnade, Gnade jedem Sünder der Erde und des Abgrunds! du allein bist verworfen!" 4699 f.) – was ihn mit seinem Bruder Karl verbindet, der anders als der Sohn des Gleichnisses vom verlorenen Sohn ebenfalls nicht an Vergebung glauben kann.

Franz: keine Hoffnung auf Erlösung

Offenbarung des Johannes als Hoffnungstext

Karl und Franz – vereint in der Hoffnungslosigkeit

Mythologische Motive

Mythologische Anspielungen begegnen vor allem im Zusammenhang mit Karl: Einerseits dient ihm die Welt der griechischen Helden als Gegenentwurf zur als schlaff und langweilig empfundenen Gegenwart, andererseits wird ihm bereits im zweiten Akt der Kontrast zwischen seinem

Leben als Räuber und dem eines mythologischen Gottes deutlich:

> *Da steht der Knabe, schamrot und ausgehöhnt vor dem Auge des Himmels, der sich anmaßte, mit Jupiters Keile zu spielen, und Pygmäen niederwarf, da er Titanen zerschmettern sollte.* (2432 ff.)

Karl als scheiternder Jupiter

Angespielt wird hier auf den bei Hesiod beschriebenen Kampf zwischen den Göttern des Olymp, unter anderem Zeus (Jupiter), und den Titanen, zu denen auch Zeus' Vater Kronos zählt.

Im zweiten und vierten Akt singt Amalia das „Hektorlied", das sich auf Homers Ilias bezieht: Hektor ist dort ein Sohn des trojanischen Königs Priamos, der im Kampf gegen den Griechen Achill stirbt. Hektor wird von Homer als mustergültiger Held dargestellt, auch später noch gilt er als Vorbild der Ritterlichkeit. Schillers Lied ist aus der Perspektive von Hektors Frau Andromache verfasst und als Abschiedslied vor dessen letztem Kampf gestaltet. Zentrale Motive sind die Todesahnung („Todeslanze", Str. 1, V. 1), die Darstellung Hektors als idealem Helden („Vaterlandserretter", Str. 2, V. 5), die Hoffnung auf ein Wiedersehen im jenseitigen Elysium und die Liebe, die stärker ist als das Vergessen: Lethe, der Fluss des Vergessens, trägt alles fort, die Liebe aber bleibt (Str. 4). Das Lied verdeutlicht, wie Karl und Amalia sich und ihre Beziehung sehen: als eine schwärmerische Liebe im Stile antiker Helden. Amalia projiziert ihre Trauer um Karl im zweiten Akt auf den Hektor des von ihr gesungenen Liedes; sie selbst sieht sich als Andromache, die ewig an ihrer Liebe zu Hektor/Karl festhält. Vor allem Karl aber zerbricht an dem Kontrast zwischen Ideal und Wirklichkeit: Dass Amalia ihn auch dann noch liebt, als ihr „Hektor" sich als Mörder und Räuber entpuppt, kann er zunächst nicht glauben. Auch fehlt ihm die Hoffnung auf jenseitige Erlösung, der

Hektorlied: Liebe im Angesicht des Todes

Hektor und Andromache als Idealbild für Karl und Amalia

Kontrast zwischen Ideal und Wirklichkeit

Amalia im Lied Ausdruck verleiht: Im vierten Akt gibt er sich Amalia dadurch zu erkennen, dass er zwei todesbezogene Verse aus dem Lied singt: „Teures Weib, geh, hol die Todeslanze! – / Laß – mich fort – zum wilden Kriegestanze – / *Er wirft die Laute weg und flieht davon*“ (3393 ff.): Statt Hoffnung bleibt Karl nur ein Fluchtreflex.

Biblische Motive als Hintergrundfolie	**Mythologische Motive als Schlüssel zum Verständnis**
■ *Gleichnis vom verlorenen Sohn:* im Gegensatz zum biblischen Gleichnis gibt es im Drama keine echte Versöhnung ■ *apokalyptische Motive:* anders als in der Bibel gibt es für Franz keine Hoffnung auf jenseitige Erlösung ■ zahlreiche weitere biblische Anspielungen, z. B. auf die Josefserzählung des Alten Testaments	■ *Kampf zwischen Zeus und den Titanen:* Karl träumt von einer Existenz im Stile griechischer Helden und Götter, leidet am Kontrast zwischen der Realität und der heroischen Welt der Mythologie ■ *Hektor und Andromache:* heldenhaftes Vorbild für die Liebe zwischen Karl und Amalia

4 Analyse des Dramas

4.1 Der erste Akt

zur Dramenstruktur
➤ siehe Kap. 3.4

Einführung wichtiger Figuren und Konfliktlinien im 1. Akt

Im ersten Akt, der Exposition des Dramas, führt Schiller die zentralen Figuren, ihre Charaktereigenschaften und Beweggründe ein. So eröffnen sich die wesentlichen Konfliktlinien einer Doppelhandlung (Schloss Moor einerseits, Leipzig bzw. jeweiliger Aufenthaltsort der Räuberbande andererseits), die es erlaubt, durch Ortswechsel immer wieder spannungssteigernde Momente zu erzeugen.

Franz beginnt sein Täuschungsprojekt

Gleich zu Anfang beginnt Franz von Moor sein mörderisches Täuschungsprojekt: Scheinbar besorgt („Aber ist Euch auch wohl, Vater? Ihr seht so blaß." 30) nähert sich Franz dem alten Grafen Moor. Eher beiläufig wird deutlich, dass Franz seinem Vater Krankheit und Schwäche mehr einreden will, als dass diese tatsächlich vorhanden sind: Schließlich fühlt sich der alte Moor eigentlich gesund wie ein „Fisch im Wasser" (43), was sich allerdings bald ändern wird: Franz liest ihm nach längerem Zögern – er heuchelt geschickt seine Sorge um die psychische Belastbarkeit seines Vaters – einen Brief vor, in dem angeblich ein Mitarbeiter des gräflichen Hauses von allerlei Verfehlungen und Gesetzesverstößen durch Karl berichtet: Karl soll nicht nur riesige Schulden durch seinen ausschweifenden Lebensstil angehäuft haben, sondern auch eine Bankierstochter entjungfert und ihren Liebhaber im Duell fast getötet haben. Nun befinde er sich auf der Flucht vor der Justiz.

Dass der Brief gefälscht und Franz' Sorge um den Vater nicht nur geheuchelt ist, sondern Franz vielmehr einen perfiden Plan verfolgt, der den alten Grafen umbringen soll, erfährt der Zuschauer allerdings erst später nach dem Abgang des Vaters. Dieser Überraschungseffekt verstärkt bereits zu Beginn die Abneigung des Publikums gegenüber Franz. Dessen Strategie ist dabei sowohl rhetorisch als auch psychologisch geschickt: Einerseits heuchelt er ständig Mitleid mit seinem Vater und präsentiert sich als frommer Mustersohn, andererseits macht er seinem Vater ein schlechtes Gewissen, weil dieser stets Karl vorgezogen habe, der sich nun angeblich als verkommen und undankbar entpuppt:

Subtiler Psychoterror als perfekter Mord?

> *Und dann der trockne Alltagsmensch, der kalte, hölzerne Franz, und wie die Titelchen alle heißen mögen, die Euch der Kontrast zwischen ihm und mir mocht eingegeben haben, wenn er Euch auf dem Schoße saß oder in die Backen zwickte* (191 ff.)

Sein Ziel: Er will die Erlaubnis erhalten, Karl im Namen des Grafen einen Brief zu schreiben, in dem der Erstgeborene verflucht und enterbt wird. Gleich zu Beginn erscheinen also Täuschung und Verstellung *(simulatio et dissimulatio)* als zentrale Handlungsmuster von Franz. Dabei entspricht er einerseits genau dem vom aufgeklärten Bürgertum kritisierten, nicht-authentischen Verhalten eines adligen Höflings, der ausschließlich auf den eigenen Vorteil bedacht ist und dafür intrigiert und manipuliert, andererseits legt er seinem Vorgehen eine aufgeklärt-rationale Analyse seines Vaters zugrunde: Franz erkennt klar die Persönlichkeitsschwäche und fehlende Autorität seines Vaters: Er durchschaut, dass die Vergötterung und Bevorzugung Karls im Grunde einen Mangel an Autorität bedeutet und nutzt diesen jetzt für sich aus. Mit rhetorischem Nachdruck (anaphorisch wiederholter Imperativ „Seht doch …“ z. B. 170) stößt er den Vater auf den Kontrast zwischen zwei Zerrbildern seines Bruders Karl: Dem idealisierten des alten Moor und der von Franz vorgenommenen negativen Verzerrung. **Eine Pointe des Dramas besteht darin, dass Karl sich dem von Franz entwickelten Bild durch seinen Schritt in die Räuberexistenz deutlich**

zentrales Handlungselement: Täuschung und Verstellung

Franz nutzt Erkenntnis der Schwäche seines Vaters.

Anapher: Reihung identischer Satzanfänge

annähern wird – was wiederum verdeutlicht, dass Franz' Intrige auf einer genauen psychologischen Analyse seines Bruders und seines Vaters beruht.

rational berechnende Machtgier als Reflex eines tief sitzenden Minderwertigkeitskomplexes

Nach dem Abgang des Vaters enthüllt Franz den Zuschauern in einem Monolog offen seine weitergehenden Absichten und Beweggründe: Er möchte seinen Vater psychisch und körperlich vernichten, da er davon ausgeht, dass dieser über den sozialen, moralischen und gesellschaftlichen Absturz seines Lieblingssohnes Karl nicht hinwegkommt – wobei er beabsichtigt, kräftig nachzuhelfen. Sein Ziel ist dabei nicht nur das Erbe, sondern die Aussicht auf Herrschaft:

> *Ich will alles um mich her ausrotten, was mich einschränkt, daß ich nicht Herr bin. Herr muß ich sein, daß ich das mit Gewalt ertrotze, wozu mir die Liebenswürdigkeit gebricht.* (445 ff.)

Franz leitet aus der empfundenen Ungerechtigkeit die Berechtigung für sein Verhalten ab.

Franz wird jedoch nicht einfach als Fiesling dargestellt. Der Monolog legt auch die Ursachen für seine Bosheit offen: Franz hadert damit, dass sowohl die Natur als auch die gesellschaftlichen Konventionen ihn benachteiligen: Er ist hässlich, von Natur aus wenig liebenswürdig und als Zweitgeborener gesellschaftlich benachteiligt. Aus dieser Ungerechtigkeit leitet Franz das Recht ab, die als brutal empfundene Natur beherrschen zu dürfen, da in ihr ohnehin das Recht des Stärkeren gelte, und sich über alle gesellschaftlichen Normen – also auch die der Moral – hinwegsetzen zu dürfen. Franz gewährt so Einblicke in die dunkle Seite der *Aufklärung*: Erfahrene Benachteiligung und rationales Denken münden bei ihm nicht in ein vernünftiges Humanitätsideal, sondern in einen von allen moralischen Schranken befreiten Herrschaftswillen. Seine Rationalität dient ihm dabei als Instrument zur Durchsetzung seiner Interessen.

zur *Aufklärung* ➤ siehe Kap. 3.1

instrumentelle Vernunft/Zweckrationalität: Einsatz der Rationalität zu Zwecken, die selbst nicht rational oder moralisch legitim sein müssen

Die zweite Szene führt mit Franz' Bruder Karl die zweite Hauptfigur ein. Scheinbar das Gegenteil vom kalt berechnenden Franz, erscheint Karl als emotionaler Stürmer und Dränger, der gern über die Stränge schlägt und von antiken Helden fabuliert. Auf den zweiten Blick werden jedoch erste Ähnlichkeiten der beiden Brüder sichtbar: Die Brüder stehen eher in einem komplementären als einem gegensätzlichen Verhältnis. Auch Karl rebelliert aus psychologischen und philosophischen Gründen gegen eine Gesellschaft, in der zwar alles seinen vernünftig geordneten, bürokratischen Gang geht, die freie Entfaltung des Individuums jedoch nicht (mehr) möglich ist: „Mir ekelt vor diesem tintenklecksenden Säkulum, wenn ich in meinem Plutarch lese von großen Menschen." (454 ff.) In drastischer Sprache entfaltet Karl den Kontrast zwischen erträumtem antikem Heldentum und erfahrener verstaubter Universitätswirklichkeit:

zum *Sturm und Drang* ➤ siehe Kap. 3.2

Säkulum: Jahrhundert, allgemeiner: Epoche

Plutarch (45–125 n. Chr.): griechischer Verfasser philosophischer und vor allem biografischer Schriften

> *Da krabbeln sie nun wie die Ratten auf der Keule des Herkules, und studieren sich das Mark aus dem Schädel, was das für ein Ding sei, das er in seinen Hoden geführt hat?* (462 ff.)

Die Verdoppelung von Karl und Franz in der Salzburger Inszenierung

Hier zeigt sich eine für den *Sturm und Drang* typische Sehnsucht nach dem freien, einzigartigen Individuum, die allerdings zunächst nur verbalen Ausdruck findet.

Rebellentum bei Karl als Pose?

Die Szene hält allerdings noch einige Überraschungen für die Zuschauer bereit: Zunächst verdeutlicht Karl, dass sein Rebellentum nur eine Art theatralische Pose im Stile des *Sturm und Drang* ist, indem er seine Abrechnung mit der verkrusteten Gesellschaft wie ein Applaus erwartender Schauspieler beendet: „Er wirft den Degen auf den Tisch und steht auf.“ (529 f.) Er ist jedoch keineswegs bereit, seine gesellschaftlichen Bindungen über Bord zu werfen. „Im Schatten meiner väterlichen Haine, in den Armen meiner Amalia lockt mich ein edler Vergnügen“ (701 ff.).

amoralisch: unmoralisch

antimoralisch: Protesthaltung gegen bestehende moralische Normen

Spiegelberg, später der brutalste Räuber der Bande, kritisiert Karl heftig, fordert einen radikalen Ausstieg aus der Gesellschaft und will stattdessen eine amoralisch – besser vielleicht antimoralische – Verbrecherexistenz aufbauen. Spiegelbergs Name ist jedoch sprechend. Er verlängert im Grunde nur die Gedankenlinie des von Karl zu Beginn der Szene Entfalteten: Er hält Karl den Spiegel vor und entlarvt gleichzeitig dessen Auftritt als nicht authentisch. Karl verstellt sich also in seinem ersten Auftritt genauso wie sein Bruder eine Szene zuvor. Die beiden ersten Szenen des Dramas sind also in einem gewissen Maße parallel konstruiert mit dem Ziel, die Komplementarität von Karl und Franz deutlich werden zu lassen. Auch die Namen der nun in das Gespräch eingreifenden späteren Räuber Razmann, Schufterle und Grimm sind sprechend und deuten an, dass das folgende Räuberleben wenig mit einem idealisierten Leben edler Sozialrebellen zu tun haben wird.

Erste und zweite Szene: Vorstellung von Franz und Karl, z. T. parallele Konstruktion

Karls Beitritt zur Räuberbande: Rebellion des beleidigten Egos

Die nächste Wendung folgt, als Karl den Brief erhält, der ihn verstößt und enterbt: Nun schließt er sich Spiegelbergs Plan an, fordert aber, Hauptmann der neu gegründeten Räuberbande zu sein. Die zahlreichen Wendungen verdeutlichen, dass nicht Gesellschaftskritik, sondern das verletzte Ego des nun verstoßenen Lieblingssohnes die Ursache für seinen Hassausbruch gegen die Gesellschaft und ihre Moral ist:

> *Ich habe keinen Vater mehr, ich habe keine Liebe mehr, und Blut und Tod soll mich vergessen lehren, daß mir jemals etwas teuer war! Kommt, kommt! – Oh ich will mir eine fürchterliche Zerstreuung machen – es bleibt dabei, ich bin euer Hauptmann!* (1045 ff.)

Auch hier zeigt sich wieder, dass Franz und Karl sich ähnlicher sind, als beiden lieb ist. Ebenso wie Franz erhebt Karl einen Herrschaftsanspruch als Kompensation erfahrener Demütigung.

Lange und falsche Deutungstradition, die einseitig die Gegensätzlichkeit der Brüder betont.

Ausgerechnet Franz beschwört in der letzten Szene des Aktes die Ähnlichkeit mit Karl, allerdings um sich Karls Verlobte Amalia mit einer weiteren Intrige gefügig zu machen und so seinen Plan zu komplettieren: Auch in Liebe und Ehe will Franz an die Stelle Karls treten, was erneut seinen Minderwertigkeitskomplex gegenüber dem bei Frauen offensichtlich erfolgreicheren älteren Bruder verdeutlicht. Franz möchte Amalia glauben machen, Karl habe seinen Verlobungsring bei einer Prostituierten versetzt, hat damit letztlich aber keinen Erfolg. „Ich verachte dich, geh!" (1271) Amalia, die einerseits die emotionalen Werte der *Empfindsamkeit* verkörpert, andererseits aber auch Entschlossenheit zum Ausdruck bringen kann, hält Franz den Spiegel seines machtbesessenen Materialismus vor: „Seid verdammt, Gold und Silber und Juwelen zu tragen, ihr Großen und Reichen!" (1283 ff.) Amalias empfindsame Authentizität durchschaut also Franz' berechnende Verstellung.

Empfindsamkeit: literarische Strömung, die gegen ein einseitiges Rationalitätsideal die emotionale Authentizität betonte, dabei auf Werte wie Innerlichkeit, von Zuneigung getragene Familienverhältnisse und ehrlich empfundene Religiosität setzte

Da die Entwicklung der Handlung zumindest auf den ersten Blick keineswegs immer schlüssig und auf Anhieb nachvollziehbar verläuft, sollen am Ende eines jeden Analyseteils Fragen zur Handlungslogik thematisiert werden. Meist weisen gerade auf den ersten Blick unlogische Entwicklungen auf zentrale Aspekte der Bedeutungsebene.

Wieso lässt sich der alte Moor in der Anfangsszene so schnell von Franz übertölpeln? Wie kann es sein, dass durch den gefälschten Brief Karls Reue und sein Heimkehrplan so schnell in Hass umschlagen?

Zunächst zur ersten Frage: Als Zuschauer fragt man sich nicht nur, warum Graf von Moor trotz der immer wieder betonten Liebe und Vergebungsbereitschaft dem ungeliebten Franz glaubt. Schiller akzentuiert dies auch noch zusätzlich, indem er Franz selbst zum Ausdruck bringen lässt, wie leicht sein Betrug hätte auffliegen können: Der alte Moor hätte sich lediglich den gefälschten Brief aushändigen lassen müssen, schon hätte er die Handschrift des Fälschers erkannt: „Ich muß diese Papiere vollends aufheben, wie leicht könnte jemand meine Handschrift kennen!“ (342 ff.)

Es handelt sich also nicht um einen Konstruktionsfehler des Dramas, der in Kauf genommen werden muss, damit die Handlung in Gang kommt, sondern um eine bewusste Setzung: Maximilian von Moor wird als extrem schwache Persönlichkeit mit einem Mangel an Autorität und Durchsetzungskraft dargestellt. Dies ist sowohl für die Dramenkonstruktion als auch für psychologische und sozialphilosophische Deutungsansätze entscheidend: Die Persönlichkeitsschwäche des Grafen lässt das Gefühl von Franz, als Kind ungerecht behandelt worden zu sein, ebenso plausibel erscheinen, wie sie erklärt, warum sich Karl derart an heroischen Vorbildern orientiert: Er sucht in ihnen das, worin sein Vater ihm kein Vorbild sein konnte.

Die Persönlichkeitsschwäche des Grafen als bewusste Setzung.

Damit lässt sich dann auch die zweite Frage beantworten: Karl, den man lange als positiven Helden des Dramas sehen wollte, wird gleich zu Beginn als verzogener, wankelmütiger Lieblingssohn dargestellt, dessen Freiheitsdrang weniger dem Wunsch nach gesellschaftlicher Gerechtigkeit geschuldet ist als der Befriedigung eines übersteigerten Egos: Eine unfertige Persönlichkeit, die zwischen literarischer Pose – von Spiegelberg treffend demaskiert („Das ist ja recht alexandrinisch geflennt." 475) – und blinder Zerstörungswut schwankt, als ihr durch den väterlichen Liebesentzug der Boden unter den bislang gehätschelten Füßen weggezogen wird. Zwar sehnt sich Karl nach Authentizität und Individualität, hat beides für sich jedoch nicht entwickeln können: Selbst wenig gefestigt, reagiert er mit ungefilterten Aggressionen auf den Entzug von Anerkennung und Aufmerksamkeit.

Ursache von Franz' Minderwertigkeitskomplex und Karls Heldenphantasien

Alexandriner: antikes Versmaß

Karl: kein positiver Held, sondern eine unfertige Persönlichkeit

Figurenkonstellation am Ende des ersten Akts

- **Graf Maximilian von Moor** ist eine schwache, physisch und psychisch angeschlagene Persönlichkeit. Er verkörpert den Legitimationsverlust der patriarchalisch-absolutistischen Gesellschaft.
- **Karl von Moor** ist eine unfertige, wechselhafte Persönlichkeit. Er schwankt zwischen Sehnsucht nach familiärer Idylle *(Empfindsamkeit)* und heroisch-rebellischen Freiheitsträumen *(Sturm und Drang)*. Er verdeutlicht die Ambivalenz des aufgeklärten Freiheitsideals.
- **Franz von Moor** ist ein zynisch-rationaler Machtmensch, der alle moralischen Schranken ablehnt. Er verdeutlicht Ambivalenzen des aufgeklärten Rationalitätsideals.
- **Amalia** ist eine Figur mit emotionaler Authentizität und verkörpert das Authentizitäts- und Gefühlsideal der *Empfindsamkeit*.

4.2 Der zweite Akt

Im zweiten Akt nimmt die Parallelhandlung in Form einer steigenden Handlung Fahrt auf: Zunächst entfaltet Franz eine noch diabolischere Intrige, als er feststellt, dass sein Vater wohl nicht in absehbarer Zeit sterben wird und er noch auf das ersehnte Erbe warten muss:

steigende Handlung I: Die nächste Intrige; zum pyramidalen Aufbau
➤ siehe Kap. 3.4

Und nun wär freie, ebene Bahn bis auf diesen ärgerlichen zähen Klumpen Fleisch, der mir, gleich dem unterirdischen Zauberhund in den Geistermärchen, den Weg zu meinen Schätzen verrammelt. (1294 ff.)

An diesem Zitat wird Franz' Welt- und Menschenbild noch einmal deutlich: Der Mensch erscheint lediglich als materielles Objekt, das sich einer herrschaftsförmigen Manipulation zu unterwerfen hat. Franz' Plan umfasst, dass der alte Graf durch eine gezielt hervorgerufene Depression ins Grab gebracht werden soll. Auch hier geht er wieder äußerst rational vor: Wie in einer wissenschaftlichen Experimentalanordnung spielt er alle möglichen negativen Stimmungen durch und wägt ab, ob sie wohl ausreichen, eine tödliche Depression auszulösen. Schließlich endet er bei der Verzweiflung:

wechselseitige Beeinflussung von Körper und Geist

So fall ich Streich auf Streich, Sturm auf Sturm dieses zerbrechliche Leben an, bis den Furientrupp zuletzt schließt – die Verzweiflung! Triumph! Triumph! (1360 ff.)

Verzweiflung des alten Grafen als Ziel

Auslöser der Verzweiflung soll eine wiederum falsche Nachricht von Karls Tod sein. Dazu instrumentalisiert er Hermann, der nicht nur wegen Amalia eifersüchtig auf Karl ist, sondern sich auch aus unbekannten Gründen am alten Moor rächen möchte – der Spekulation über mögliche Hintergründe werden hier keine Grenzen gesetzt. Hermann soll als Söldner verkleidet auftreten und dem alten Grafen die Botschaft überbringen, Karl habe als völlig verarmter Bettler schließlich in der preußischen Armee als Söldner angeheuert und sei im Siebenjährigen Krieg gefallen. Als „Beweisstücke" überbringt er ein blutverschmiertes Schwert und ein Porträts Amalias. Für seinen Plan, Amalia zu erobern, hat sich Franz etwas ganz Besonderes einfallen lassen: Hermann behauptet, Karl habe ihn beauftragt, das Amalia-Porträt Franz zu übergeben; auf das Schwert schreibt er mit Blut: „Franz, verlaß

Hermann als Instrument

Siebenjähriger Krieg: 1756–1763

meine Amalia nicht!“ und „Amalia, deinen Eid zerbrach der allgewaltige Tod!“ (1740 ff.) Das Schreiben mit Blut, eigentlich ein Symbol für äußerste Authentizität, wird hier zum Mittel der Täuschung. Interessant sind Amalias Reaktionen: Vermutet sie zunächst einen Betrug, spricht sie schließlich Karl ab, sie geliebt zu haben, wenn er sie tatsächlich Franz anvertraut haben sollte.

Bezeichnenderweise funktioniert die Manipulation der Emotionen nur bei dem alten Grafen, der tatsächlich vor Selbstvorwürfen und Trauer verzweifelt. Der Plan, Amalias Liebe manipulativ zu erzwingen scheitert erneut: „Verzweifelt! meine ganze Kunst erliegt an dem Starrkopf.“ (1750 f.) Dass Franz seinem Ärger ausgerechnet durch den Ausruf „Verzweifelt!“ Luft verschafft dürfte kein Zufall sein, war doch Verzweiflung das, was er bei seinem Vater hervorrufen wollte. Indem dieser Begriff nun mit Franz selbst verknüpft wird, stellt Schiller in einer subtilen Andeutungstechnik eine Verknüpfung mit Franz' Ende in Verzweiflung im fünften Akt her.

Amalia bleibt für Franz unerreichbar: Grenzen rationaler Manipulierbarkeit

Beim alten Grafen scheint die Intrige dagegen hervorragend zu funktionieren: Selbst die Lektüre der Josephserzählung des Alten Testaments bringt ihn nicht auf die Idee, dass Karl möglicherweise ebenso wie Joseph nicht wirklich tot ist. Umgekehrt freut sich allerdings auch Franz zu früh über den scheinbaren Tod seines Vaters. Die Anspielung auf die biblische Erzählung erfüllt erneut eine Art Spiegelfunktion: Ebenso wie Karl wird Joseph von seinem Vater bevorzugt und seinen Brüdern gehasst. Sie wollen ihn ermorden, als dies scheitert, wird Joseph nach Ägypten verkauft und der Vater durch eine Täuschung in dem Glauben gelassen, er sei tot. Der Alte Moor jedoch nimmt offensichtlich nur den Satz „Ein reißend Tier hat Joseph zerrissen!“ (1855 f.) wahr: Dass seine Bevorzugung Karls zum Kern des Problems gehört, will er nicht wahrhaben.

Josephsgeschichte (Gen 37–50): nicht verstandene Andeutung

Wie passen die drastisch geschilderten Gewaltexzesse zum Motiv des edlen Räubers, der gegen gesellschaftliche Missstände kämpft?

steigende Handlung II: Karls Räuberbande

Der falschen Todesnachricht folgt wieder ein dramaturgisch geschickter Szenenwechsel zu Karls Räuberbande: Dort werden zunächst jeweils im Rückblick dargestellte Begebenheiten gegenübergestellt. Spiegelberg prahlt damit, wie er einen unschuldigen Menschen denunziert hat, der gesuchte Räuber Spiegelberg zu sein, um selbst zu entkommen bzw. noch der Hinrichtung des Unschuldigen amüsiert zugeschaut hat. Dann schildert er drastisch die Gräueltaten seines Teils der Bande in einem Kloster:

Spiegelberg: Gegenteil eines edlen Räubers

> *ich sage dir, ich hab aus dem Kloster mehr dann tausend Taler Werts geschleift, und den Spaß obendrein, und meine Kerls haben ihnen ein Andenken hinterlassen, sie werden neun Monate dran zu schleppen haben.* (1997 ff.)

Nach weiteren Schilderungen hemmungsloser Brutalitäten, die verdeutlichen sollen, dass die Räuber der angesehenen bürgerlichen, adligen und kirchlichen Gesellschaft nicht moralisch überlegen sind, folgt dann der Bericht über die Rettung des in einer nahen Stadt zum Tode verurteilten Räubers Roller durch ein Kommando unter Karls Führung. Auch der zweite Handlungsstrang erfährt so eine Steigerung. Auf den ersten Blick werden Karls und Spiegelbergs Verhalten kontrastiert: Während Spiegelberg sich einem nur mäßig versteckten Sadismus hingibt und vor allem an Macht und Reichtum interessiert ist, scheint Karl in heldenhafter Selbstlosigkeit sein Leben für ein gefangenes Mitglied der Räuberbande einzusetzen. Auf den zweiten Blick jedoch wird ein ungeheures Missverhältnis von Zweck und Mitteln deutlich, das Schiller in aller Drastik ausgestaltet: Um Roller zu befreien und sich an der Stadt zu rächen, sprengen die Räuber den Pulverturm

Karl und Spiegelberg: Gegensätze und Ähnlichkeiten

und richten ein Massaker unter der Zivilbevölkerung an. Ähnlich wie zuvor Spiegelberg prahlt auch hier der Räuber Schufterle – der Name ist sprechend – mit seinen Grausamkeiten:

> *Ein Kind wars, noch frisch und gesund, das lag auf dem Boden unterm Tisch, und der Tisch wollte eben angehen, – Armes Tierchen, sagt ich, du verfrierst ja hier, und warfs in die Flamme.* (2409 ff.)

Es ist sicher kein Zufall, dass sowohl Spiegelberg als auch Schufterle ihre Opfer bisweilen als Tiere bezeichnen. Sämtliche Hemmschwellen anderen Menschen gegenüber sind gefallen, beide sehen in anderen Menschen nur materielle Objekte.

sprechende Namen: Namen, die Funktion oder Charakter einer Figur zum Ausdruck bringen

Ein entscheidender Unterschied besteht jedoch zwischen Karl einerseits und den eindeutig negativ besetzten Figuren Franz, Spiegelberg und Co.: Karl besitzt noch ein Gewissen, das ihn heftig anklagt. Schufterle wird sofort aus der Bande geworfen und Karl möchte die Räuberexistenz aufgeben: „hier entsag ich dem frechen Plan, gehe, mich in irgendeine Kluft der Erde zu verkriechen, wo der Tag vor meiner Schande zurücktritt. (Er will fliehen.)" (2437 ff.) Karls schlechtes Gewissen verbindet sich jedoch schnell mit der Pose des tragischen Helden. Es ist auffällig, dass er sich auch in der Selbstanklage noch mit Gott vergleicht:

tragische Figur: Im klassischen griech. Drama eine Figur, die durch das Schicksal oder eigene Handlungen in eine ausweglose Situation ohne Handlungsalternativen gerät.

> *Was kann ich dafür? Was kannst du dafür, wenn deine Pestilenz, deine Teurung, deine Wasserfluten, den Gerechten mit dem Bösewicht auffressen?* (2423 ff.)

Karl instrumentalisiert hier das Theodizee-Problem, um eigene Verantwortung abzuschieben: So wie Gott offenbar trotz seiner guten Absichten das Böse in der Welt zulässt, müsse auch Karl, der Rächer, notgedrungen die Gräueltaten seiner Räuber zulassen. Schließlich siegt aber doch das schlechte Gewissen über den Mord an Unschuldigen: „Wie beugt mich diese Tat!" (2430 f.)

Theodizee-Problem: Wie lassen sich Allmacht und Liebe Gottes mit dem Leid und dem Bösen in der Welt vereinbaren?

Die Pose des edlen Räubers gewinnt wieder die Oberhand.

Karls Fluchtplan wird von der Nachricht unterbrochen, eine Armeeeinheit habe die Räuberbande umzingelt. Ein Pater tritt als Unterhändler auf und bietet zunächst Karl eine vergleichsweise milde Strafe an, wenn er aufgibt. Dieser gibt zwar die moralische Schuld zu, führt sich dann aber wieder als Robin Hood auf, der Witwen und Waisen rächt, indem er die Reichen straft – dass seine Bande kurz zuvor eben jene Witwen und Waisen brutal niedergemetzelt hat, gerät bei Karl bereits wieder in den Hintergrund:

> *diesen Rubin zog ich einem Minister vom Finger, den ich auf der Jagd zu den Füßen seines Fürsten niederwarf. Er hatte sich aus dem Pöbelstaub zu seinem ersten Günstling emporgeschmeichelt, der Fall seines Nachbars war seiner Hoheit Schemel – Tränen der Waisen huben ihn auf.* (2621 ff.)

Die Wut über die Verlogenheit und Selbstgerechtigkeit der Kirche vertreibt Karls vorherige Zweifel an der moralischen Legitimation seiner Existenz. Als auch die Räuber das Angebot des Paters ablehnen, straffrei auszugehen, wenn sie Karl Moor ausliefern, fällt dieser endgültig zurück in die Pose des heldenhaften, gottgleichen Rächers: „Itzt sind wir frei – Kameraden! Ich fühle eine Armee in meiner Faust – Tod oder Freiheit! Wenigstens sollen sie keinen lebendig haben!“ (2772 ff.) Auch dieser Akt endet mit einem spannungssteigernden Moment: Wie das ungleiche Gefecht ausgeht, bleibt zunächst offen.

Steigende Handlung am Ende des zweiten Akts
Die im ersten Akt angelegten Konflikte verschärfen sich und werden unumkehrbar:

- Mit Maximilians (scheinbarem) Tod erreicht Franz ein wesentliches Ziel seiner Intrige.
- Karl entscheidet sich für ein Leben außerhalb der Gesellschaft, obwohl ihm die Ambivalenz dieser Existenz immer bewusster wird.

4.3 Der dritte Akt

Der kurze dritte Akt ist weniger Höhe- als Wendepunkt des Dramas. Auf dem scheinbaren Höhepunkt des Erfolgs – Franz feiert ausgiebig die Machtübernahme als neuer Graf – deutet sich sein Niedergang an: Amalia, die wie schon zuvor ihre Trauer um den geliebten Karl in lyrisch-literarische Vorbilder projiziert, weist einen erneuten Annäherungsversuch von Franz zurück und lässt sich auch von massiven Drohungen nicht einschüchtern. Als Franz versucht, sie zu vergewaltigen, entreißt sie ihm durch eine List seinen Säbel und schlägt ihn in die Flucht. Auch dieser Verlust eines typischen Männlichkeits- und Machtsymbols deutet Franz' Niedergang an. Anschließend gesteht Hermann ihr vom schlechten Gewissen getrieben, dass weder Karl noch Graf Maximilian wirklich tot sind – ebenfalls ein deutlicher Hinweis auf eine Wendung in diesem Handlungsstrang.

3. Akt als Wendepunkt:
➤ siehe Kap. 3.4

zum „Hektorlied"
➤ siehe Kap. 3.5

Franz gewinnt keine Macht über Amalia

Mit diesem dramaturgischen Paukenschlag wechselt wieder die Szenerie: Karl erscheint in tiefer Melancholie versunken. Die heldenhafte Pose der Einsicht in die Sinnlosigkeit der Welt entpuppt sich jedoch schnell als Sehnsucht nach der heilen Welt seiner Kindheit; einer Welt, aus der Karl sich ausgestoßen fühlt. Er geht so weit, sich in den Mutterleib zurückzuwünschen: „Daß ich wiederkehren dürfte in meiner Mutter Leib!" (3029 f.).

Karl versinkt in Melancholie über die Sinnlosigkeit der Welt und der Ausweglosigkeit seiner Existenz.
➤ siehe Kap. 5.4

Sehnsucht nach heiler Welt der Kindheit

Wie sinnlos die letzten Aktionen der Bande in der Tat waren, unterstreicht das Drama in fast schon sarkastischer Art und Weise: Ausgerechnet Roller, um dessen Leben es doch ursprünglich ging, ist der einzige, der im Kampf gegen das Militär ums Leben kommt. Karl zieht jedoch erneut nicht die Konsequenz, seine Existenzform zu überdenken, sondern bindet sich noch unbedingter an sie: „So wahr meine Seele lebt! Ich will euch niemals verlassen." (3083 f.) Auch diese Entscheidung, die in ihrer Unbe-

scheinbare Heldentaten der Räuber erweisen sich als sinnlos

Höhepunkt der Räuberhandlung: Karl schwört den Räubern Treue

dingtheit den Höhepunkt der Räuberhandlung markiert, erscheint paradox: Hatte sich Karl nicht gerade noch über die Sinnlosigkeit seiner Existenz beklagt und sich nach der heilen Welt seiner Kindheit zurückgesehnt? Sollte er nicht wenig später in Richtung heimatliches Schloss aufbrechen? Zeigte ihm nicht der Tod Rollers die ganze Fragwürdigkeit seiner Lebensform? Man könnte sich damit begnügen, dies als Zuspitzung der Widersprüchlichkeit Karls zu deuten. Ein Blick auf die Spezifik der von Karl so verehrten Helden der antiken griechischen Tragödie führt aber noch weiter: Je mehr Karl sich selbst als tragischen Helden sieht, umso mehr übernimmt er auch den in der griechischen Tragödie wichtigen Fatalismus: Wie die Helden der Tragödie in eine ausweglose Situation geraten, in der sie erkennen müssen, dass die Macht des Schicksals (Fatum) größer ist als ihre eigene, sieht auch Karl sich in den Händen einer Schicksalsmacht, der er sich nur noch zustimmend beugen kann. Dies relativiert aber wiederum die Unbedingtheit seiner Entscheidung, die in diesem Licht kaum als frei zu bezeichnen ist. Indem Karl die Ausweglosigkeit eines antiken Helden auf sich selbst projiziert, eröffnet er sich darüber hinaus die Möglichkeit, eigene Verantwortung zu leugnen in genau dem Moment, in dem er sie scheinbar durch seine Entscheidung für die Räuber übernimmt.

Fatalismus: Glaube an eine übermächtige Schicksalsmacht, die dem Individuum keine Entscheidungsfreiheit lässt

Was bewegt Karl dazu, schließlich doch heimzukehren?
Eine neue Figur wird eingeführt, die den Wendepunkt der Räuber-Handlung herbeiführt: Kosinsky, Adliger wie Karl von Moor, will zur Räuberbande stoßen, weil er nach einer Intrige gegen ihn und seine Verlobte seiner Besitzungen beraubt und des Landes verwiesen wurde: Der Fürst hatte selbst ein Auge auf Kosinskys Verlobte, die nicht zufällig Amalia heißt, geworfen und lässt Kosinsky zum Hof

Kosinsky – eine neues Spiegelbild für Karl?

zitieren, wo er mit falschen Vorwürfen konfrontiert und ins Gefängnis geworfen wird. Unterdessen lässt der Fürst Amalia entführen und stellt sie vor die Wahl, entweder seine Mätresse zu werden, oder er lässt Kosinsky hinrichten. Karl erkennt sein eigenes Schicksal in dem Kosinskys wieder und fasst den Entschluss, zu seiner Amalia zurückzukehren. Auch diese Entscheidung ist bezeichnend für Karls egozentrisches Kreisen um seine eigene Existenz: Während der Räuber Roller wie selbstverständlich annimmt, dass es jetzt darum geht, Kosinsky zu helfen, möchte Karl nur eins: an den Ort seiner Kindheit und zu seiner Jugendliebe zurückkehren. Damit unterstreicht er, dass sein Handeln keineswegs hauptsächlich der Rebellion gegen gesellschaftliche Ungerechtigkeiten gilt, sondern der verloren geglaubten Kindheitsidylle. Diese übt im wahrsten Sinne des Wortes eine Anziehungskraft aus, der Karl sich nicht entziehen kann. Psychologisch könnte man dies auch als Flucht vor der Verantwortung des Erwachsenseins deuten, was gut zu den obigen Anmerkungen zu Karls Fatalismus passt.

Karl fasst den Entschluss, an den Ort seiner Kindheit zurückzukehren

idealisierte Welt der Kindheit und Jugend	hoffnungslose Gegenwart
▪ Geborgenheit bei Eltern ▪ ungetrübte Liebe zu Amalia ▪ verantwortungsfreies Leben ▪ funktionierendes, nicht hinterfragtes Sinnangebot	▪ fehlende Geborgenheit: Roller, der ihm am nächsten steht, stirbt ▪ Verantwortung für Räuberbande, der er nicht gerecht werden kann, und für Leben, dessen moralische Sinnlosigkeit er durchschaut hat ▪ Sinnverlust: Welt und Leben werden als allgemein sinnlos erfahren

4.4 Der vierte Akt

zum vierten Akt als fallender Handlung und den retardierenden Momenten

➤ siehe Kap. 3.4

Im vierten Akt werden die beiden Handlungsstränge zusammengeführt: Die fallende Handlung gewinnt deutlich an Fahrt und treibt auf ihr Ende zu. Karl trifft auf seinem elterlichen Schloss ein und lässt sich dort unter falschem Namen als Graf von Brand vorstellen. Auch dabei handelt es sich wieder um einen sprechenden Namen, der die Ambivalenz von Karls Existenz unterstreicht: Während der Adelstitel dem Wunsch nach einer gesellschaftlich anerkannten Existenz entspricht, deutet „Brand" auf das (selbst-) zerstörerische Räuberleben. Der idealisierte Ort seiner Kindheit verstärkt noch den bereits zuvor empfundenen Kontrast zwischen der erinnerten Idylle der Vergangenheit und der ausweglosen Gegenwart:

Karl am Ort seiner Kindheit: Kontrast zwischen erinnerter Idylle und sinnloser Gegenwart

> *Die goldne Maienjahre der Knabenzeit leben wieder auf in der Seele des Elenden – da warst du so glücklich, warst so ganz, so wolkenlos heiter – und nun – da liegen die Trümmer deiner Entwürfe.* (3339 ff.)

Eigentlich schon entschlossen, die Gegend wieder zu verlassen, siegt das Verlangen, Amalia wiederzusehen. Der verkleidete Karl trifft Amalia und unterhält sich bezeichnenderweise über Gemälde Karls und des alten Grafen, die in der Schlossgalerie hängen: Vor allem Karl orientiert sich weniger an der Realität als an Wunsch-Bildern. Franz beobachtet das Gespräch zwischen Karl und Amalia und schöpft Verdacht: Als erster erkennt er seinen Bruder und beschließt, ihn ermorden zu lassen. Dies verdeutlicht zwar wieder seine Fähigkeit zu rationaler Analyse, allerdings fühlt sich Franz dabei zunehmend als Getriebener und nicht mehr als frei und souverän Handelnder: „Bin ich doch ohnehin schon bis an die Ohren in Todsünden gewatet, daß es Unsinn wäre zurückzuschwimmen, wenn das Ufer schon so weit hinten liegt." (3468 ff.) Auch dies verdeutlicht wieder die Komplementarität der beiden

Franz wird zum Getriebenen seiner eigenen Intrigen

Brüder: Nicht nur Karl (siehe Kapitel 3.3), sondern auch Franz neigt zum Fatalismus. Von Verfolgungswahn geplagt beauftragt Franz den alten Diener Daniel, Karl zu ermorden, der sich allerdings nur zum Schein darauf einlässt. Ein weiteres Mal rechtfertigt Franz in einem Monolog seine eigene Amoralität durch eine philosophische Argumentation im Sinne des Nihilismus: Da das Leben ohnedies ein sinnloser Kreislauf von Sterben und Gebären sei, könne es keinen besonderen Wert beanspruchen. Alle Moral sei nichts weiter als anerzogene Weichlichkeit:

Nihilismus: philosophischer Ansatz, der die Existenz jeglichen Sinns leugnet

> *Es war etwas und wird nichts – Heißt es nicht ebenso viel als: es war nichts und wird nichts und um nichts wird kein Wort mehr gewechselt – der Mensch entstehet aus Morast, und watet eine Weile im Morast, und macht Morast und gärt wieder zusammen in Morast, bis er zuletzt an den Schuhsohlen seines Urenkels unflätig anklebt.* (3673 ff.)

Das viermal wiederholte Schlüsselwort „Morast" verdeutlicht in seiner negativen Konnotation erneut das insgesamt negative Weltbild von Franz. Auch hier wird wieder eine interessante Nähe zu Karl sichtbar: Dieser teilt zwar nicht die menschenverachtenden Konsequenzen, die Franz aus seinem Denken zieht, spricht allerdings vom Leben als einem Nullsummenspiel. Man fragt sich allerdings, warum Franz sich seiner Amoralität immer wieder in langatmigen, philosophischen Monologen versichern muss: Möglicherweise plagt ihn das stets geleugnete Gewissen durchaus bereits früher als im Traum des fünften Aktes.

Muss Franz sich selbst von seiner Skrupellosigkeit überzeugen?

Unterdessen klärt Daniel Karl über die Intrige seines Bruders auf und führt ihm so die ganze Sinnlosigkeit seiner Rebellion vor Augen: „Ich hätte glücklich sein können – oh Büberei, Büberei! das Glück meines Lebens bübisch, bübisch hinwegbetrogen!" (3838 ff.). Die wieder-

Exklamatio: Ausruf

holte Exklamatio greift den kurz zuvor ebenfalls mehrfach wiederholten Ausruf „Spitzbübische Künste!“ (3830 ff.) auf, versieht ihn aber mit einer bezeichnenden Bedeutungsverschiebung: Die „Büberei“ lässt sich nicht mehr nur auf Franz’ Intrige beziehen, sondern auch auf Karls infantiles Verhalten. Zunächst ist wieder Flucht Karls erster Gedanke, wieder wird er von dem Wunsch, Amalia noch einmal zu sehen, davon abgehalten. Ausgerechnet Amalia erkennt ihn jedoch nicht und beide tauschen ihren Liebeskummer aus, der bei Amalia allerdings von der Hoffnung auf einen Ausgleich im Jenseits abgemildert wird. Niederschmetternd für Karl ist es, mit dem Idealbild konfrontiert zu werden, das Amalia von ihm hat, von dem er sich jedoch meilenweit entfernt hat: „Nicht eine Fliege konnt er leiden sehen – Seine Seele ist so fern von einem blutigen Gedanken, als fern der Mittag von der Mitternacht ist.“ (3979 ff.)

Karl und Amalia: Auch hier treffen Ideal und Realität aufeinander

Der folgende Szenenwechsel markiert einen bewusst gesetzten, kontrastierenden Schnitt von den auf Karl projizierten Idealvorstellungen Amalias und der brutalen Realität der Räuberbande, die zunächst in einem drastischen Lied ausgedrückt wird: „Stehlen, morden, huren, balgen/ Heißt bei uns nur die Zeit zerstreun./Morgen hangen wir am Galgen,/Drum laßt uns heute lustig sein.“ (4000 ff.) Auch hier erscheint der Gedanke an die Sinnlosigkeit bzw. Vergänglichkeit des Lebens als Rechtfertigung für unmenschliches Verhalten in einer verzerrten Verwendung des carpe diem-Motivs. Das reale Verhalten entspricht dem Lied, leider ohne die dort vorhandene romantische Verklärung: Spiegelberg plant, Karl aus dem Weg zu räumen, um selbst Hauptmann zu werden. Dies wird jedoch von Schweizer erkannt, der ihn kurzerhand absticht. Für Karl ist dies ein weiteres Zeichen für seine apokalyptischen Visionen (siehe Kapitel 3.5): „Bald – bald ist alles

carpe diem (Nutze den Tag): Auskosten und sinnvolles Ausfüllen des Augenblicks angesichts der Endlichkeit menschlicher Existenz

erfüllet." (4147) Karls Pessimismus paart sich erneut mit Selbstübersteigerung, indem er im biblischen Stil eines Messias formuliert. Wieder fantasiert er sich und seine Situation in messianische und mythologische bzw. antike Szenarien hinein und sieht nur den Selbstmord als Ausweg: Eine Freiheit, die zum reinen Kreisen um sich selbst wird, kann allerdings nicht mehr daran glauben, die Kraft zu wirklichen Auswegen zu haben. Zu groß erscheint Karl der Widerspruch zwischen Ideal und schuldhafter Realität, der ins Auge zu blicken er sich jedoch immer noch weigert: Nicht er selbst, sondern das Schicksal trage die Verantwortung für seine Situation und ganze Existenz – auch hierin kommt der dem Denken seines Bruders erstaunlich nahe. Dabei spart Schiller nicht mit beißender Ironie:

Selbstmord als Ausweg?

> *Glaubt ihr, ich werde zittern? Geister meiner Erwürgten! ich werde nicht zittern! (Heftig zitternd) – Euer banges Sterbegewinsel – euer schwarzgewürgtes Gesicht – eure fürchterlich klaffenden Wunden sind ja nur Glieder einer unzerbrechlichen Kette des Schicksals* (4231 ff.).

Schließlich empfindet er aber doch den Selbstmord als Flucht vor der Verantwortung und unterlässt ihn.

Nun tritt wieder Handlung an die Stelle von Reflexion: Karl wird Zeuge, wie Hermann den tot geglaubten Vater in seinem Verlies mit Nahrung versorgt, und befreit ihn. Das gesamte Intrigengebäude von Franz bricht nun zusammen, nicht zuletzt weil Menschen sich nicht wie seelenlose Maschinen instrumentalisieren lassen: Nachdem sich herausgestellte hatte, dass Maximilian nicht tot, sondern nur bewusstlos war, ließ Franz ihn kurzerhand mit Hermanns Hilfe in der als geräumiges Gewölbe gestalteten Familiengruft lebendig begraben. Dieser brachte es aber nicht übers Herz, den Alten einfach elendig ver-

fallende Handlung: der totgeglaubte Vater wird befreit: Franz' Plan scheitert endgültig

hungern und verdursten zu lassen, und versorgte ihn mit Nahrungsmitteln. Als Karl das ganze Ausmaß der Bosheit seines Bruders erkennt, schwört er am Ende des Aktes Rache: Die Rache, die im gesamten Drama für Karl handlungsleitend war, projiziert er nun in gebündelter Form auf seinen Bruder.

Rache an Franz als neues Lebensziel für Karl

4.5 Der fünfte Akt

Der fünfte Akt bildet den tragischen Abschluss des Dramas im Sinne einer scheinbar alternativlosen Katastrophe, obwohl doch eigentlich alle Weichen für ein Happy End gestellt waren. Diesem Spannungsverhältnis in der Dramenkonstruktion soll in diesem Kapitel ebenso nachgegangen werden wie der zunächst etwas unmotiviert erscheinenden Wendung in Franz' Verhalten.

Wieso bekommt der so rational abgeklärte Franz plötzlich doch Gewissensbisse?

Franz, der zur Rechtfertigung seiner eigenen Skrupellosigkeit an allen gesellschaftlichen und religiösen Normen zweifelte, zieht nun sein eigenes materialistisches Denken in Zweifel. Auslöser ist ein apokalyptischer Albtraum, in dem er sich vom Jüngsten Gericht als Todsünder mit seinen Schandtaten konfrontiert und verurteilt sah. Alle Versuche, den Traum zu verdrängen, scheitern: „Nein! ich zittre nicht! Es war ledig ein Traum." (4583) Ähnlich wie zuvor bei Karl wird auch hier eine grundlegende, existenzielle Verzweiflung körperlich durch das Zittern ausgedrückt. Ausgerechnet der große Egoist Franz „kann nicht allein sein" (4599). Der Traum selbst erscheint ausgekleidet mit biblisch-apokalyptischer Bildlichkeit. Die verdrängten religiösen Vorstellungen kehren im Traum zurück und erweisen sich so als stärker als seine materialistischen Überzeugungen:

Franz' Rationalität zweifelt an sich selbst

zu den biblischen Anspielungen
➤ siehe Kap. 3.5

> *Da trat hervor ein Dritter, der hatte in seiner Hand eine eherne Waage, die hielt er zwischen Aufgang und Niedergang und sprach: tretet herzu, ihr Kinder von Adam – ich wäge die Gedanken in der Schale meines Zornes! und die Werke mit dem Gewicht meines Grimms!* (4671 ff.)

Ähnlich wie später Karl schafft auch Franz es nicht, an die Vergebung seiner Sünden zu glauben: „Gnade, Gnade jedem Sünder der Erde und des Abgrunds! du allein bist verworfen!" (4699 f.)

Karl und Franz glauben beide nicht an die Möglichkeit von Vergebung.

Franz' religionskritische Rationalität gibt sich aber noch nicht geschlagen, schließlich geht es buchstäblich für ihn um Leben und Tod. Er lässt sich als vermeintlichen Sparringspartner den Pastor Moser kommen, der jedoch weiter Salz in die Wunde des Zweifels streut: „aber wenn deine Überzeugung so fest ist? warum ließest du mich rufen, sage mir doch, warum ließest du mich in der Mitternacht rufen?" (4769 ff.) Moser entlarvt Franz' Denken als „Philosophie Eurer Verzweiflung" (4793): Die Frage nach Gott ist für Franz nicht mehr bloß eine philosophische Spielerei: Sollte er mit seinem amoralischen Materialismus falsch liegen, drohen ihm – so denkt er wenigstens –

letztes Aufbäumen der zynischen Rationalität

Pastor Moser entlarvt Franz' Verzweiflung

Karl, Maximilian, Amalia und die Räuber – Szenenbild von Johann Michael Götz

ewige Höllenqualen. Genau in diese Kerbe schlägt auch der Pastor: „Der Gedanke Gott weckt einen fürchterlichen Nachbar auf, sein Name heißt Richter." (4833) Mosers Aussage besitzt aber noch eine weitere Bedeutungsschicht: Franz' Philosophie ist auch insofern Ausdruck seiner Verzweiflung, als sie auf einem negativen Weltbild beruht, in dem kein Sinn, sondern nur ein sinnloser Kreislauf von Werden und Vergehen existiert. Franz' Versuch, sich im letzten Moment noch betend an Gott zu wenden, wirkt fast lächerlich: „Ich bin kein gemeiner Mörder gewesen, mein Herrgott – hab mich nie mit Kleinigkeiten abgegeben, mein Herrgott" (4969 ff.) Stolz und Selbstüberschätzung behalten am Ende die Oberhand:

> *Ich kann nicht beten – hier hier!* auf Brust und Stirn schlagend *alles so öd – so verdorret.* Steht auf *Nein ich will auch nicht beten – diesen Sieg soll der Himmel nicht haben, diesen Spott mir nicht antun die Hölle –* (4976 ff.)

Selbstmord als letzte Konsequenz

Als Konsequenz bleibt ihm nur der Selbstmord.

Der letzte Szenenwechsel lenkt die Aufmerksamkeit wieder auf die Konstellation Karl – Vater – Amalia – Räuber. Das Gespräch zwischen Karl, der sich seinem Vater zunächst nicht zu erkennen gibt, kreist vordergründig um die Trauer und das schlechte Gewissen des alten Grafen.

Karl und Maximilian: Ist Vergebung möglich?

Hintergründig geht es um die Frage, ob Vergebung und Neuanfang möglich sind.

Ein letztes – zunächst etwas konstruiert erscheinendes – retardierendes Moment bietet das Drama noch: Amalia hält an ihrer Liebe zu Karl fest, auch nachdem dieser eine Art Lebensbeichte ohne Vergebungshoffnung

Amalia hält an Karl fest.

abgelegt hat. Dies überzeugt Karl dann doch noch von der Möglichkeit eines Neuanfangs. Sein Vater ist unterdessen vor Schreck gestorben, als Karl ihm seine Existenz offenbarte: „Sie vergibt mir, sie liebt mich! Rein bin ich wie der Äther des Himmels, sie liebt mich. – Weinenden Dank dir,

Erbarmer im Himmel!“ (5222 ff.) Die Räuber verhindern jedoch ein Happy End: Sie erinnern Karl an seinen Treueschwur, sodass dieser wieder in Fatalismus zurückfällt:

kein Happy End: Karls fataler Treueschwur

> *Kann denn ein großer Sünder noch umkehren? Ein großer Sünder kann nimmermehr umkehren, das hätt ich längst wissen können* (5265 ff.)

Diese Aussage unterstreicht, dass bei Karl auswegloser Fatalismus an die Stelle des christlichen Glaubens getreten ist: Während in der griechischen Mythologie – etwa bei Tantalus oder Sisyphus – die Strafe für Normverletzungen unumkehrbar und ewig ist, beruht der christliche Glaube auf der Möglichkeit von Vergebung unabhängig von der Schwere der Schuld.

Amalia auf der anderen Seite übersteigert ihre Liebe in Todessehnsucht: Ohne Karl will sie nicht weiterleben und bittet ihn, sie umzubringen. Diesem Wunsch kommt er nach kurzem Zögern nach; die übrigen Räuber halten ihn mittlerweile für verrückt. Eine letzte Überraschung hält Karl mit der Entscheidung bereit, seinem Leben als Räuber abzuschwören und sich der Justiz zu übergeben. Damit verbindet sich für ihn die endgültige Einsicht in die grundlegende Aporie seines Lebensentwurfs: „O über mich Narren, der ich wähnete die Welt durch Greuel zu verschönern, und die Gesetze durch Gesetzlosigkeit aufrecht zu halten.“ (5343 ff.) Das auf ihn ausgesetzte Kopfgeld möchte er einem armen Tagelöhner zukommen lassen: „dem Mann kann geholfen werden.“ (5391 f.)

kein Leben ohne Karl: Amalias Todeswunsch

Aporie: innerer Widerspruch

Wieso bringt Karl am Ende Amalia um und liefert sich der Justiz aus? Ist dieses tragische Ende nicht unrealistischer als ein Happy End, das sich nach der Rettung des Vaters anzubahnen scheint?

Das Ende wirkt konstruiert: Wenn Karl der Räuberexistenz abschwören wollte, warum tut er dies nicht spätes-

Ein konstruiertes Ende?

tens, als Amalia ihm vergibt? Warum bringt er sie um, weil er sich an seinen Schwur gebunden fühlt, die Räuber nicht zu verlassen, bricht aber genau diesen Schwur wenige Momente später? Schiller stellt sich diesen Fragen in einer „Selbstbesprechung", einer von ihm selbst verfassten kritischen Rezension, allerdings ohne dem Leser die eigene Antwort abzunehmen:

Ein notwendiges Ende?

> *Man frägt, war es* tragisch, *daß der Liebhaber sein Mädchen ermordet? War es in dem gegebenen Falle* natürlich? *War es* notwendig? *War kein* minder schrecklicher Ausweg *mehr übrig? – Ich will auf das letzte zuerst antworten: Nein! – Möglich war keine* Vereinigung *mehr, unnatürlich und höchst* undramatisch *wär eine* Resignation *gewesen.* (TA, Materialien S. 212)

Die „Resignation", also die Rückkehr Amalias in ihre vorheriges Leben und Karls Fortsetzung des Räuberlebens passen in der Tat weder zu Karl noch zu Amalia: Der kritisierte politische Absolutismus verwandelt sich bei beiden in einen nicht weniger mörderischen existenziellen Absolutismus, der keine Kompromisse duldet: Ein Weiterleben ohne Karl passt nicht zur absoluten Liebe Amalias, ein einfaches „Weiter so" aufseiten Karls nicht zu seiner ins Universelle gesteigerten Vorstellung, sich in eine ausweglose Situation manövriert zu haben – bzw. vom Schicksal in eine solche manövriert worden zu sein.

Karls und Amalias Kompromisslosigkeit

Aber warum kein Happy End in den Armen Amalias? Schließlich kritisiert Schiller selbst jene Theaterschriftsteller, „die ihre Helden über Hals über Kopf abschlachten, damit dem hungrigen Zuschauer die Suppe nicht kalt werde." (TA, Materialien S. 212). Die Selbstanzeige Karls könnte schließlich als konservative Wendung verstanden werden, mit der die kritisierte gesellschaftliche Ordnung des Absolutismus doch wieder ins Recht gesetzt wird. Das

Eine konservative Wendung?

Gegenteil ist der Fall: Die Rückkehr in die heile Welt der Kindheit, der unhinterfragten väterlichen Ordnung, die auch die des Absolutismus ist, soll als unmöglich dargestellt werden; umgekehrt wird jedoch auch der Vorstellung eine klare Absage erteilt, „die Welt durch Greuel zu verschönern" (5344), also einer gesellschaftlichen Veränderung, in der der Zweck die unmenschlichen Mittel heiligt.

keine Rückkehr in die heile Welt der Kindheit

Im Drama thematisierte Lebensentwürfe

absolutistisch-patriarchales Modell
- treibt Karl in die Rebellion, wird später als Idylle der Kindheit verklärt
- zeigt in der Schwäche des alten Moors seinen Autoritäts- und Legitimationsverlust
- erscheint z. B. in der Kosinsky-Episode als willkürlich und unmenschlich

materialistisch-nihilistisches Modell
- Franz' Konsequenz aus dem Rationalismus der *Aufklärung*: Es zählt nur das Recht des Stärkeren bzw. Rationaleren; moralische Instanzen besitzen keine rationale Gültigkeit
- kann am Ende die eigene Legitimität nicht mehr rational belegen
- erscheint durchweg als unmenschlich

Modell der absoluten Liebe
- wird vor allem von Amalia verkörpert: bedingungslose Liebe zu Karl, die sich auch von Tod und Schuld nicht besiegen lässt
- scheitert am Ende jedoch an der Realität

heroisch-individualistisches Modell
- verkörpert von Karl: Ideal des nach Freiheit strebenden, gegen die Gesellschaft rebellierenden Individuums
- erscheint als ambivalent: Schuldhaftigkeit von Karls Handeln wird betont, wird zudem als unrealistisch-literarisches Ideal (antike Heldengestalten) ironisiert

5 Analyse zentraler Textstellen

5.1 Vernünftiger Egoismus? Franz' Monolog in I.1

Franz' Weltbild: die dunkle Seite der *Aufklärung*

In einem ausführlichen Monolog entfaltet Franz sein Weltbild und die darauf aufbauende Struktur seines Handelns. Das Provokante dabei ist, dass Franz scheinbar äußerst rational und schlüssig argumentiert. Die Figur ist also ein deutlicher Seitenhieb gegen all jene, die glaubten, dass Vernunft und Rationalität als zentrale Werte der *Aufklärung* von selbst moralisch bessere Menschen hervorbringen. Mit der Figur des Franz zeigt Schiller, dass auch das Gegenteil möglich ist: ein genialer, absolut vernünftiger und dabei zutiefst böser Verbrecher. Im Hintergrund steht als psychologische Motivation ein tief sitzender Minderwertigkeitskomplex, dessen Ursache darin liegt, dass sein Bruder Karl ihm gegenüber stets vorgezogen wurde. Die Ursachen für Franz' Minderwertigkeitskomplex sind für den Zuschauer durchaus nachvollziehbar. Dadurch wird es dem Zuschauer erschwert, sich Franz gegenüber moralisch zu erheben.

Zurücksetzung seit frühester Kindheit: psychologische Ursachen für Franz' Skrupellosigkeit

Im Monolog des ersten Aktes legt Franz sein materialistisches, amoralisches Weltbild in Form einer rhetorisch geschliffenen, streng logischen Kette von Schlussfolgerungen dar. Die Argumentationsstruktur ist dialektisch aufgebaut und lässt sich folgendermaßen zusammenfassen:

dialektische Argumentation: Kontrastierung einer Ausgangsthese mit einer Antithese; Synthese bildet eine Schlussfolgerung aus dem Gegensatz von These und Antithese.

1. **These**: Die Natur hat ihn, Franz, benachteiligt, weil er als Zweitgeborener weniger Chancen hat, von seinem Vater nicht geliebt wird und außerdem hässlich ist.

2. **Antithese**: Die Natur ist weder gerecht noch ungerecht; in ihr herrscht lediglich das Recht des Stärkeren.

3. **Synthese**: Alle moralischen Werte und Normen sind unnatürlich und haben deshalb keinen Anspruch auf Gültigkeit. Dies wird an zwei Beispielen verdeutlicht:

Das *Gewissen* ist für Franz nur eine subtile Erfindung

der Herrschenden, um „den Pöbel unter dem Pantoffel zu halten" (385 f.).

Die *Familie* stellt für Franz keinen besonderen Wert dar, da sie nicht aus einer moralischen Entscheidung, sondern aus einem triebhaften Akt heraus entsteht und außerdem nicht einsichtig ist, warum man ein Familienmitglied mehr lieben soll als irgendeinen anderen Menschen.

das Recht des Stärkeren als Fazit

4. **Fazit:** Da nur das Recht des Stärkeren als Naturgesetz Gültigkeit beanspruchen kann, ist es das Vernünftigste, mit allen Mitteln dafür zu sorgen, zu den Starken, den Herren zu gehören.

neutrale Rationalität oder instrumentelle Vernunft?

In einer genaueren Analyse der Argumentation soll nun untersucht werden, ob diese tatsächlich einer neutralen Rationalität gehorcht oder vielmehr Ausdruck einer instrumentellen Vernunft ist, bei der das Ergebnis eigentlich schon vorher feststeht und lediglich scheinrational legitimiert werden soll. Auf den ersten Blick scheint diese Argumentation lückenlos zu sein. Ein genauerer Blick auf die Argumentationstechnik macht deutlich, dass es sich um ein Täuschungsmanöver handelt, das Franz' eigentliche Motive verdecken soll. Sowohl der Ausgangspunkt seiner Argumentation als auch die Auswahl der „widerlegten" moralischen Werte Gewissen und Familie sind nicht zufällig gesetzt.

Franz' Taktik

Der Ursprung der Argumentationskette liegt nicht in einer neutralen, interesselosen Beobachtung, sondern in einem psychologisch erklärbaren Minderwertigkeitskomplex: Franz ist nicht von Natur aus benachteiligt, sondern durch die erbrechtlichen Gepflogenheiten der Gesellschaft und seine Familie, die ihm nicht den gleichen Respekt und die gleiche Liebe entgegenbrachte wie seinem Bruder Karl – der Natur bleibt allenfalls der Vorwurf der Hässlichkeit. Die Beispiele Familie und Gewissen sind mit Bedacht gewählt: Schließlich will er gegen seinen Bruder und

Immunisierung gegen das Gewissen

seinen Vater vorgehen und sich dabei von den Vorwürfen seines eigenen Gewissens immunisieren – was ihm am Ende des Dramas nicht mehr gelingt. Das Ergebnis der Argumentation ist also nicht unbedingt die logische Folge einer schlüssigen Argumentation, sondern steht im Grunde schon zu Beginn fest. Die Argumentation selbst ist logisch nicht zwingend. Franz widerlegt im Grunde nur den sogenannten naturalistischen Fehlschluss – und begeht ihn am Ende selbst: Der naturalistische Fehlschluss besteht darin, aus einem Ist-Zustand der Natur einen moralischen Soll-Zustand abzuleiten. Franz zeigt einerseits überzeugend, dass man aus Zuständen in der Natur keine moralischen Normen ableiten kann, macht aber andererseits genau dies, indem er das Recht des Stärkeren aus der Sphäre der Natur in die der Moral überträgt. Die Vernunft, derer sich Franz bedient, ist also keine neutrale, interesselose, sondern eine instrumentelle Vernunft: Sie dient ihm als Instrument der Täuschung zur Durchsetzung seiner Interessen.

Schluss vom Sein auf das Sollen: naturalistischer Fehlschluss

Rhetorik der (Selbst-) Täuschung

Zur Methode der Täuschung passt die ausgefeilte Rhetorik von Franz in diesem Monolog. Die Klage wider die Natur führt er mit einer Reihung rhetorischer Fragen, die durch ihre anaphorische Struktur sowohl die Dringlichkeit der Frage als auch die Ungerechtigkeit seines Schicksals betonen sollen: „Warum gerade mir […]" (355) Bezeichnenderweise werden rhetorische Fragen bevorzugt am Anfang und am Ende des Monologs eingesetzt – immer dann, wenn es um das Thema Familie geht, also Franz' persönliche Kränkung zum Ausdruck kommt.

Anapher: rhetorische Figur, die die mehrmalige Wiederholung eines Wortes oder einer Wortgruppe am Vers-, Strophen- oder Satzanfang bezeichnet

Seine amoralische Position legt er dann in einer bildlichen Sprache dar, die durch scheinbar zwingende Vergleichsebenen überzeugend oder durch ihre Drastik überwältigend wirken soll – oder beides: „Schwimme, wer schwimmen kann und wer zu plump ist, geh unter!"

(367 f.) Die Strategie der bildlichen Sprache besteht darin, die Bildebene im Bereich des Materiellen anzusiedeln und dies dann auf den Menschen zu übertragen. Das exemplarische Zitat verdeutlicht, wie Franz sprachliche Mittel der Semantik mit solchen der Syntax verbindet. Mögliche Gegenpositionen zu seiner eigenen werden durch beißende Ironie der Lächerlichkeit preisgegeben, so etwa das Gebot der Bruderliebe: „Er ist aus eben dem Ofen geschossen worden, aus dem du geschossen bist – also sei er dir heilig!" (407 ff.) Der Gegensatz zwischen Natur und Moral, zwischen der „Nachbarschaft der Leiber" (410 f.) und der „Harmonie der Geister" (411) wird bewusst durch eine drastisch-vulgäre Metaphorik unterstrichen.

drastische und vulgäre Metaphorik: Abwertung der Natur

Zum Schluss bleibt noch die Frage nach dem Adressaten des Monologs: Wer soll durch diese klug aufgebaute und rhetorisch geschickt formulierte Rede eigentlich überzeugt werden? Der Monolog hat nicht nur die dramaturgische Funktion, das Publikum über Franz' weltanschauliche Positionen oder die psychologischen Ursachen seines Handelns zu informieren. Eher ist Franz selbst Adressat seines eigenen Monologs: Sich selbst möchte er von der Legitimation seines Handelns überzeugen – ein kleiner Vorgeschmack auf die Gewissensqualen, die ihn schließlich im fünften Akt überfallen werden. Bezeichnenderweise bedient er sich dabei sich selbst gegenüber desselben Mittels wie gegenüber anderen – nämlich der (Selbst-)Täuschung.

Franz als Adressat seines eigenen Monologs

Franz' Argumentationstechnik

- keine zweckfreie, an Objektivität interessierte Argumentation
- rational aufgebaute, dialektische Argumentationsstruktur
- Ergebnis der Argumentationskette steht schon vorher fest: zirkuläre Argumentation, Scheinrationalität
- Franz als Adressat seiner eigenen Argumentation

5.2 Authentischer Geniekult? – Der erste Auftritt Karls in I.2

Schon in Kapitel 4.1 wurde dargestellt, wie durch mehrere überraschende Wendungen im Dialog zwischen Karl und Spiegelberg sowohl die Widersprüchlichkeit der Figur Karl und ihre fremde Nähe zu dem scheinbar so gegensätzlichen Bruder Franz dramaturgisch in Szene gesetzt wurden. Hier soll ausgehend von der Struktur der Szene der Sprache Karls noch etwas detaillierter nachgegangen werden, um zu einem vertiefteren Verständnis der Figur Karl, aber auch des Verhältnisses von Karl zu Franz zu gelangen.

Karls Sprache als Schlüssel zum Verständnis der Figur

Nicht nur die Sprache, sondern auch der Aufbau der Szene unterstreicht die bereits in Kapitel 4.1 herausgearbeitete Wechselhaftigkeit und Widersprüchlichkeit Karls. Die Struktur der Szene lässt sich als Wellen- oder Pendelbewegung veranschaulichen, was schon an den Redeanteilen deutlich wird: Zunächst führt Karl das Wort, dann übernimmt Spiegelberg die Rolle des Aktiveren und behält sie auch während Karls Abwesenheit, bevor Letzterer am Ende der Szene wieder die meisten Redeanteile hat. Damit korrespondiert die Haltung Karls: Zu Beginn möchte er als Rebell im Sinne des *Sturm und Drang* wahrgenommen werden. Im zweiten Teil der Szene distanziert er sich von dieser Haltung und nimmt nun die Rolle des angehenden empfindsamen Ehemannes ein, der von einer idealisierten Familienidylle träumt. Die Strömung der *Empfindsamkeit* kritisierte zwar ebenso wie der *Sturm und Drang* die einseitige Betonung einer als kalt empfundenen Rationalität, setzte anstelle eines rebellischen Geniekultes eher auf Werte wie Innerlichkeit, authentische Religiosität und ein von dem bürgerlichen Liebesideal getragenes Familienmodell. Zum Schluss jedoch, nach dem für ihn so demütigenden Brief des Vaters, nimmt Karl nicht nur die Haltung des

Wechselhaftigkeit und Widersprüchlichkeit

weitere Informationen zur Epoche ➤ siehe Kap. 3.2

Rollen, die Karl übernehmen möchte: Rebell und Familienvater

Empfindsamkeit: Ideal der Innerlichkeit

Szenenanfangs wieder ein, sondern beschließt, den Worten Taten folgen zu lassen: Er schwingt sich zum Hauptmann einer Räuberbande auf und folgt damit dem gerade noch rundheraus abgelehnten Plan Spiegelbergs.

Karl folgt Spiegelberg.

Die Gründe für diese auf den ersten Blick nicht ganz schlüssigen Wendungen wurden bereits in Kapitel 4.1 analysiert, vertiefende Einblicke gewährt jedoch ein Blick auf die sprachliche Gestaltung von Karls erstem Auftritt zu Beginn dieser Szene: Auch in diesem Bereich dominiert die Gegensätzlichkeit als prägendes Gestaltungselement. Einerseits setzt Karl auf gezielte Tabubrüche, indem er sich in einer sexuell aufgeladenen Vulgärsprache über gesellschaftliche Moralvorstellungen hinwegsetzt:

Antithetik als prägendes Gestaltungsmittel

Vulgärsprache als gezielter Tabubruch

Da krabbeln sie nun, wie die Ratten auf der Keule des Herkules, und studieren sich das Mark aus dem Schädel, was das für ein Ding sei, das er in seinen Hoden geführt hat? (462 ff.),
Pfui über das schlappe Kastraten-Jahrhundert (487 f.),
Die Kraft seiner Lenden ist versiegen gegangen (491 f.).

Andererseits bedient sich Karl in seiner Kritik am „tintenklecksenden Säkulum“ (455), also an einer in kraftlos-theoretischer Gelehrsamkeit erstarrten *Aufklärung*, genau der rhetorischen Mittel, die er in der Institution dieser Gelehrsamkeit, der Universität, gelernt hat: Seine Sprache ist weder authentisch noch originell, dafür aber entgegen der vulgären Wortwahl überaus kunstvoll gestaltet: Passend zu dieser Widersprüchlichkeit ist das vorherrschende Stilmittel die Antithese, mit der Karl das Ideal heroisch verklärter antiker Helden mit der langweiligen und banalen Gegenwart kontrastiert. „Kerls, die in Ohnmacht fallen, wenn sie einen Buben gemacht haben, kritteln über die Taktik des Hannibals“ (469 ff.) Es ist kein Zufall, dass die trockene Rationalität mit einer betont körperlichen Metaphorik konfrontiert wird: Dem als leblos empfunde-

rhetorisch kunstvolle, aber nicht authentische Sprache

starre Gelehrsamkeit vs. dynamische Körperlichkeit

nen Geist verstaubter Gelehrsamkeit wird eine dynamische, kraftvolle Körperlichkeit gegenübergestellt.

Das für Karl verabscheuungswürdige Schlüsselwort lautet „Gesetz", das dem Einzelnen jede Freiheit nehme. Diesen grundsätzlichen Gegensatz entfaltet er antithetisch in immer neuen Metaphern und Vergleichen:

Metaphorik der Freiheit

> *Ich soll meinen Leib pressen in eine Schnürbrust und meinen Willen schnüren in Gesetze. Das Gesetz hat zum Schneckengang verdorben, was Adlerflug geworden wäre. Das Gesetz hat noch keinen großen Mann gebildet, aber die Freiheit brütet Kolosse und Extremitäten aus.* (517 ff.)

rhetorische Nähe zu Franz

Anadiplose (von griech. *anadiplosis*): Wiederholung, Verdopplung; rhetorische Figur, mit der die Wiederholung des letzten Wortes/der letzten Wortgruppe eines Satzes oder Verses am Anfang des folgenden Satzes oder Verses bezeichnet wird.

Gemeint ist dabei nicht (nur) die juristische Dimension des Begriffs, sondern die gesellschaftlichen Konventionen allgemein, gegen die sich ja auch sein Bruder Franz auflehnt. Rhetorisch ganz ähnlich wie Franz arbeitet er mit einem anaphorisch wiederholten Schlüsselwort (Gesetz), das darüber hinaus als Anadiplose vom Satzende am folgenden Satzanfang wiederholt wird. Auch die Metaphorik des Fesselns wird in verschiedenen Wortarten variiert (Schnürbrust, schnüren); der parallelistischen Struktur auf der Ebene der Grammatik des ersten Satzes im obigen Zitat entspricht die semantische Antithetik, die so zusätzlich hervorgehoben wird.

Herrschaftsfantasien bei Karl und Franz

Während Karls Rhetorik jedoch das Ziel hat, die Konventionen zu brechen, um sie abzuschaffen, instrumentalisiert Franz sie, um über sie zu herrschen: Für seine zukünftigen Untergebenen sollen sie durchaus gelten, nicht aber für ihn als „Herrn". Auch Karls *Sturm-und-Drang*-Rede mündet bezeichnenderweise sowohl in absurde Herrschaftsfantasien als auch in eine immer monströsere Metaphorik („Kolosse und Extremitäten"):

Stelle mich vor ein Heer Kerls wie ich, und aus Deutschland soll eine Republik werden, gegen die Rom und Sparta Nonnenklöster sein sollen. (527 ff.)

Die rhetorische Künstlichkeit der Ausführungen Karls deutet bereits an, dass es sich bei ihnen um genau das „Theaterfeuer" (461) handelt, das er seiner Gegenwart vorwirft. Dass Karls Äußerungen eher einen gespielten Auftritt als eine ernst zu nehmende Stellungnahme darstellen, verdeutlicht die Regieanweisung am Ende: „*Er wirft den Degen auf den Tisch und steht auf.*" (529 f.) Damit begibt sich Karl zwar zunächst in eine wenig später auch explizit gemachte selbstironische Distanz zu dem „im Dampfe des Weins" (613 f.) gesagten, offenbart aber auch einen Mangel an Authentizität: **Im Gegensatz zum Authentizitätsideal des *Sturm und Drang* präsentiert sich Karl in dieser Szene eben nicht als authentische, gefestigte Persönlichkeit, sondern in spätpubertärer Wankelmütigkeit und Beeinflussbarkeit** – in diese Richtung ist auch die angesprochene Sexualitätsmetaphorik zu deuten. Eine genauere Sprachanalyse verdeutlicht also, dass die auf den ersten Blick so überraschenden Wendungen im Verhalten Karls ihre Ursache nicht nur in der Intrige des Franz haben, sondern in der Persönlichkeit von Karl selbst: An die Stelle reflektierten Handelns tritt immer wieder die Übernahme fremder Handlungsmuster: Seien es die des Geniekultes, der empfindsamen Familienidylle oder des von Spiegelberg propagierten Rebellentums – in allen regiert jedoch der Affekt über die Vernunft und das Ego über die Moral.

„Theaterfeuer" statt Authentizität

Karl: keine gefestigte Persönlichkeit

Mangel an Reflexionsfähigkeit

Karls Sprache zwischen Authentizität und Verstellung

einerseits:

- Ablehnung lebensferner, künstlicher Rationalität
- Betonung schöpferischer Körperlichkeit durch provozierende, tabubrechende Vulgärsprache

andererseits:

- rhetorische Durchformung der Sprache auf der Ebene der …
- Semantik: Bildlichkeit und Metaphorik
- Syntax: Häufung von Parallelismen, Antithesen, rhetorischen Fragen
  - ➤ Karls Sprache ist nur scheinbar originell und authentisch, tatsächlich aber voller literarischer und stilistischer Klischees.

5.3 Der Mensch – eine seelenlose Maschine? Franz' Monolog in II.1 und der Höllenangst-Dialog in V.1

Körper und Geist: Möglichkeit und Grenzen menschlicher Freiheit

Wie lässt sich das Verhältnis von Körper und Geist beim Menschen bestimmen? Diese Frage trieb nicht nur Friedrich Schiller zeit seines Lebens in seinen Reflexionen über Möglichkeiten, Chancen und Grenzen menschlicher Freiheit um, sondern stellt einen weiteren Schlüssel zum vertieften Verständnis der Figur des Franz von Moor und seines komplementären Verhältnisses zu seinem Bruder Karl dar. Franz reflektiert über das Verhältnis von Körper und Geist in dem ausführlichen Monolog zu Beginn des zweiten Aktes, allerdings tut er dies mit einem bestimmten Interesse: Er möchte seine Erkenntnisse für den möglichst perfekten Mord an seinem Vater nutzen (siehe Kapitel 4.2). Auch zu Beginn des fünften Aktes geht es wieder um Leben und Tod, als Franz zum zweiten Mal über das Verhältnis von Körper und Geist nachdenkt – nun aber um sein eigenes Leben: Was, wenn es außer dem vergänglichen, materiellen Körper eine unvergängliche Seele gibt, die sich vor einer höheren Instanz rechtfertigen muss? Während Franz im zweiten Akt Herr über seine rationalen Reflexionen ist, erscheint er am Ende des Dramas als passives Opfer seiner irrationalen Ängste. Wurde in Kapitel 4.5 schon gezeigt, dass sich am Ende der rational-skeptische Zweifel am Ende gegen sich selbst wendet, soll in der genaueren Analyse des Monologs in II.1 untersucht werden, ob sich Franz' Menschenbild tatsächlich am Ende wandelt oder ob in seinen Überlegungen zum Verhältnis von Körper und Geist möglicherweise schon der Keim der Entwicklung im fünften Akt angelegt ist.

Franz' Entwicklung vom aktiven Gestalter zum passiven Opfer

Während Karl die Körperlichkeit idealisiert (siehe Kapitel 5.2), konnotiert Franz alles Körperliche durchweg negativ. Bezeichnenderweise bedient sich Franz dabei exakt der gleichen antithetischen Metaphorik wie sein Bruder Karl: „Soll sich mein hochfliegender Geist an den Schneckengang der Materie ketten lassen?" (1300 ff.) Bei Karl hieß es: „Das Gesetz hat zum Schneckengang verdorben, was Adlerflug geworden wäre." (519 ff.) Die Ähnlichkeit in der sprachlichen Gestaltung legt wieder die Ähnlichkeit hinter der Oberfläche offensichtlicher Gegensätze frei: Beide verstehen unter Freiheit primär die Durchsetzung eigener Interessen gegen äußere Widerstände – seien es die der Materie, des Geistes oder der Gesellschaft:

negative Konnotation der Körperlichkeit bei Franz

Karl und Franz: identische Rhetorik

Freiheit als Durchsetzung eigener Interessen?

> *Und nun wär freie, ebene Bahn, bis auf diesen ärgerlichen, zähen Klumpen Fleisch, der mir, gleich dem unterirdischen Zauberhund in den Geistermärchen, den Weg zu meinen Schätzen verrammelt.* (1294 ff.)

Das Zitat verdeutlicht Franz' menschenverachtenden Materialismus: In seinem Vater sieht er nur einen „ärgerlichen zähen Klumpen Fleisch". Allerdings befindet er sich wie sein Autor Schiller auf der Höhe der psychosomatischen Medizin, die er „nur umgekehrt" (1307 f.) nutzen möchte: „Philosophen und Mediziner lehren mich, wie treffend die Stimmungen des Geists mit den Bewegungen der Maschine zusammenlauten." (1313 ff.) Zwar hält er

Psychosomatik: Einflüsse der Psyche auf den Körper (lat. *soma*: Körper)

psychosomatische Wechselwirkungen zwischen Körper und Geist

der Mensch als Maschine

Julien Offray de La Mettrie, Philosoph. Sein bekanntestes Werk: L'HOMME MACHINE (1747)

Monismus: Rückführung aller geistigen Phänomene auf materielle Ursachen

Originalgenie: Begriff des *Sturm und Drang*, bezeichnet einen Menschen, der nach eigenen Gesetzen und Wünschen lebt und sich frei selbst entfalten kann

Denken als Versuchsanordnung

den menschlichen Körper für eine Maschine, allerdings eine, die massiv von der seelischen Stimmung beeinflusst wird. Einer der Philosophen, auf die Franz hier anspielt, ist Julien Offray de La Mettrie (1709–1751). Dessen Hauptgedanke besteht darin, alle geistigen und seelischen Phänomene als Folge materieller, biologischer und chemischer Prozesse zu deuten – die Position des materialistischen Monismus. Franz übernimmt dessen Metaphorik, jedoch versieht er den Gedankengang La Mettries mit einer entscheidenden Wendung. Franz versucht hier den Umkehrschluss: Wenn seelische Empfindungen eine Konsequenz materieller Prozesse sind, muss dies, so Franz' Vermutung, auch in umgekehrter Richtung funktionieren, müssen also körperliche Prozesse auch von der seelischen Konstitution beeinflusst werden:

> *Wer es verstünde, dem Tod diesen ungebahnten Weg in das Schloß des Lebens zu ebenen! – den Körper vom Geist aus zu verderben – ha! ein Originalwerk!* (1320 ff.)

Ähnlich wie Karl stilisiert sich auch Franz hier als Originalgenie – allerdings als eines der instrumentellen Vernunft.

Auf diese Grundüberlegung im Sinne einer wissenschaftlichen Hypothesenbildung folgt eine Art geistige Versuchsreihe. Explizit legt Franz seinen Gedankengang analog zu wissenschaftlichen Experimenten an:

> *Hat man doch die Giftmischerei beinahe in den Rang einer ordentlichen Wissenschaft erhoben und die Natur durch Experimente gezwungen, ihre Schranken anzugeben, daß man nunmehr des Herzens Schläge jahrlang vorausrechnet und zu dem Pulse spricht, bis hieher und nicht weiter!* (1326 ff.)

In Gedanken geht er in immer gleicher parallelistischer Struktur alle möglichen Emotionen durch und prüft ihre Eignung für sein mörderisches Ziel, bis er schließlich bei der Verzweiflung als zielführendem Affekt endet. Bezeichnenderweise versieht er vorher alle durchgespielten Emotionen mit einer äußerst negativen Metaphorik aus dem organisch-biologischen Bereich, was erneut seine Verachtung für alles Organisch-Körperliche unterstreicht:

Zorn? – dieser heißhungrige Wolf frißt sich zu schnell satt – Sorge? – dieser Wurm nagt mir zu langsam – Gram? – diese Natter schleicht mir zu träge (1337 ff.).

Am Ende des Dramas hilft Franz die Philosophie La Mettries jedoch nicht mehr: Der Versuch, die apokalyptischen Träume als bloße Stoffwechselreaktionen abzutun, gelingt ihm nicht; zumal sein Diener Daniel betont: „Träume kommen von Gott." (4703) Der rationale Zweifel wendet sich gegen sich selbst und eröffnet so die Möglichkeit eines richtenden Gottes:

Scheitern des Materialismus im fünften Akt

Rächet denn droben über den Sternen einer? – Nein, nein! Ja, ja! […] öd, einsam, taub ists droben über den Sternen – wenn's aber doch etwas mehr wäre? Nein, nein, es ist nicht! Ich befehle, es ist nicht! Wenn's aber doch wäre? (4717 ff.)

La Mettrie entwickelt in seinem Hauptwerk DISCOURS SUR LE BONHEUR (1748) die These, dass eine Vorstellung des Gewissens als reines Ergebnis gesellschaftlicher und familiärer Prägung zu betrachten ist.

Das in diesem Zusammenhang fast schon ironisch wirkende Verb „befehlen" zeigt der Rationalität ihre Grenze auf: Religiöse Annahmen lassen sich weder per Befehl beweisen noch widerlegen. Die fast paradoxe Antithetik unterstreicht, dass widerspruchsfreies, rationales Denken für Franz nicht mehr möglich ist. Eine Prägung im Sinne einer christlichen Sozialisation holt Franz am Ende ein; ihm widerfährt ironischerweise das Schicksal, das er im zweiten Akt seinem Vater zudenkt: Seine Existenz wird vom Geist christlicher Prägung aus „verdorben". Insofern ist Franz' Ende im fünften Akt bereits in seinem im zweiten Akt entfalteten Denken angelegt: Sein auf die Zerstörung anderer ausgerichtetes Denken stellt sich am Ende als selbstzerstörerisch heraus.

Grenzen des widerspruchsfreien, rationalen Denkens

Das Gewissen als Ergebnis der Sozialisation?

Franz' Weltbild:

- einerseits Abwertung alles Körperlichen, andererseits idealismusfeindlicher Materialismus: Die Materie gehorcht rationalen Gesetzen.
- moralische Grundsätze dienen nur dem Funktionieren der Gesellschaft, besitzen keine grundsätzliche Legitimität
- keine Menschenwürde: der Mensch als geistgesteuerte, manipulierbare Maschine
- Ideal der Liebe soll nur die nackte Triebhaftigkeit des Menschen kaschieren

Funktion dieses Weltbildes:

- beruht weniger auf objektiven Erkenntnissen als auf dem Interesse, die eigenen Ziele philosophisch zu legitimieren
- Zweckrationalität: Denken dient der Durchsetzung von Machtinteressen

5.4 Karl als Melancholiker (III.2)

Die zweite Szene des dritten Aktes fügt der Figur Karl eine weitere Facette hinzu: die der Melancholie. Ausgerechnet auf dem Höhepunkt des militärischen Erfolgs seiner Bande gegen eine militärische Übermacht wird Karl von einer Hoffnungslosigkeit ergriffen, die nichts zu tun hat mit einer nur körperlichen Erschöpfung nach der Schlacht, wie man anfangs noch meinen könnte: „Hier muß ich liegenbleiben. *Wirft sich auf die Erde.* Meine Glieder wie abgeschlagen. Meine Zunge trocken wie eine Scherbe." (2941 ff.) Auf den zweiten Blick wird bereits hier deutlich, dass es nicht um den authentischen Ausdruck körperlicher Erschöpfung, sondern um mehr geht. Zu gedrechselt ist die den alttestamentlichen Psalmen entnommene sprachliche Gestaltung: Die beiden Vergleiche sind als Parallelismus aufgebaut. Die Sätze verzichten auf das Prädikat. Dem existenziellen Mangel entspricht ein grammatischer. Auch die Regieanweisung deutet in Richtung Melancholie: Die Erde, auf die Karl sich wirft, ist in der traditionellen Vorstellung von den vier Temperamenten, die den Menschen prägen, dasjenige Element, das mit der Melancholie korres-

existenzielle Hoffnungslosigkeit bei Karl

Rhetorik der Melancholie

pondiert. Der Melancholiker zeichnet sich in dieser auf die Antike zurückgehenden Vorstellung dadurch aus, von einer grundlegenden Hoffnungslosigkeit geprägt zu sein, die ihn einerseits zu tiefgründigen Reflexionen über den fehlenden Sinn seiner Existenz führt, andererseits aber auch in eine gelähmte Taten- und Teilnahmslosigkeit mündet. In der mittelalterlichen Theologie zählte die Melancholie als Trägheit des Herzens *(acedia)* zu den Todsünden, da sie offensichtlich am Erlösungswerk Christi und der Sinnhaftigkeit der Schöpfung zweifelt. Zwar waren im 18. Jahrhundert die medizinischen Implikationen der Temperamentenlehre – die Melancholie wurde dort auf eine Überproduktion an schwarzer Galle zurückgeführt – längst überholt, die damit verbundenen Motive lebten aber fort.

die traditionellen Wurzeln der Melancholie

Dabei fällt auf, dass diese Melancholie, die für Karl aus der Ausweglosigkeit seiner Existenz resultiert, universelle Züge annimmt. Selbst in den tiefsten Selbstzweifeln bleibt er seiner pseudoheroischen Selbstübersteigerung noch treu: „So stirbt ein Held!“ (2979) Nicht nur seine Situation ist ausweglos, nein, die gesamte Welt und Menschheit erscheinen ihm sinnlos: Die Schönheit der Natur ist von Zerstörung bedroht, das Wesen des Menschen ist von Zufallen („Lotto des Lebens“, 2971 f.) und einer Art Wollen und-nicht-Können bestimmt:

universelle Züge der Hoffnungslosigkeit

Bruder – ich habe die Menschen gesehen, ihre Bienensorgen, und ihre Riesenprojekte – ihre Götterplane und ihre Mäusegeschäfte, das wunderseltsame Wettrennen nach Glückseligkeit. (2965 ff.)

Am Ende bleibt nur das Nullsummenspiel der Vergänglichkeit: „Nullen sind der Auszug.“ (2974)

Karl präsentiert sich in dieser Szene sprachlich ganz in der traditionellen Motivik und Rhetorik der Melancholie – was wiederum Zweifel daran nährt, ob es sich dabei um eine authentische Kundgabe seiner Gefühlslage handelt oder nur um eine weitere Rolle, in die Karl schlüpft. Darüber hinaus fällt auf, dass Karl widersprüchliche Motive scheinbar problemlos miteinander kombiniert: Auf der einen Seite kultiviert er in den von ihm so geschätzten antithetischen Parallelismen den Kontrast zwischen der Schönheit der Natur und seiner eigenen Verzweiflung: „Und ich so häßlich auf dieser schönen Welt – und ich ein Ungeheuer auf dieser herrlichen Erde.“ (3006 ff.) Auf der anderen Seite bedient er sich klassischer Vergänglichkeitsmotive (Vanitas-Gedanke): „Aber es kann ja über Nacht ein Hagel fallen und alles zugrund schlagen.“ (2953 ff.) Ein weiteres literarisches Motiv, das Karl bedient, ist das der mitleidenden Natur (natura compatiens): „Traure mit mir, Natur“ (3044 f.) Auch das Motiv der Welt als Theater (theatrum mundi) wird von ihm herbeizitiert: Das Leben der Menschen ist für Karl nur eine sinnlose Theateraufführung: „Es ist ein Schauspiel, Bruder, das Tränen in deine Augen lockt, wenn es dein Zwerchfell zum Gelächter kitzelt.“ (2975 ff.) Dass er sich selbst dabei zumindest sprachlich in sehr konventionellen und wenig originellen Rollen bewegt, wird ihm offenbar nicht klar. Er schwankt zwischen der schon bekannten Heldenpose („So stirbt ein Held! – Anbetenswürdig!“ 2979 f.) und der des biblischen verlorenen Sohns („daß ich werden dürfte wie dieser Taglöhner einer!“ [3032 f.], siehe auch Kapitel 3.5), der sich wünschte, als Tagelöhner bei seinem Vater wenigstens ein sozial abgesichertes Leben führen zu können. Karl geht es allerdings nicht um soziale Absicherung, sondern um Anerkennung und um die Rückkehr in eine verlorene Familienidylle.

traditionelle Motive der Melancholie: *vanitas* (Vergänglichkeit), Kontrast zwischen Naturschönheit und Verzweiflung, Welt als Theater *(theatrum mundi)*

bleibende Heldenpose

Grund für den Zweifel am Sinn menschlichen Lebens ist laut Karl der unüberbrückbare Gegensatz zwischen den hohen Idealen der Menschen einerseits und der ernüchternden Realität alltäglicher Zwänge andererseits

Gegensatz zwischen Ideal und Wirklichkeit

(„ihre Götterplane und ihre Mäusegeschäfte“, 2967 f.). Zwar wird Karl ansatzweise deutlich, dass dieser Kontrast auch ein Ergebnis seines kindlich-naiven, infantilen Heldenideals ist: „Da ich noch ein Bube war – wars mein Lieblingsgedanke, wie *sie* zu leben, zu sterben wie *sie* – *mit verbißnem Schmerz.* Es war ein Bubengedanke!“ (2982 ff.) Zwar erkennt er auch ansatzweise seine eigene schuldhafte Verantwortung für seine Situation, bleibt allerdings auch hier seiner vermessenen Heldenpose treu: Er sieht sich keineswegs als normalen Sünder, sondern als Einzigen, dem Vergebung versagt bleibt: „Ich allein der Verstoßene, ich allein ausgemustert aus den Reihen der Reinen.“ (3016 ff.) Diesen – rhetorisch mit einer Anapher verfeinerten – Eindruck teilt er übrigens fast wortgleich mit seinem Bruder Franz, dem in seinem apokalyptischen Traum des fünften Aktes gesagt wird: „du allein bist verworfen!“ (4700) Karl jedoch zieht gerade nicht die Konsequenz, sich nun als erwachsener Mensch den Realitäten seines Lebens zu stellen und sich von seinen infantilen Wunschfantasien zu verabschieden. Vielmehr sehnt er sich in die heile Welt der Kindheit und sogar in den Bauch seiner Mutter zurück: „Daß ich wiederkehren dürfte in meiner Mutter Leib!“ (3029 f.) Heutige Psychologen würden von einer infantilen Regression sprechen. Ist am Ende die ganze Rebellion gegen Gesellschaft und Welt nur Ausdruck eines beleidigten verwöhnten Kindes? Auf jeden Fall sind für den melancholischen Karl nicht seine irrealen Rollenfantasien für seine Situation verantwortlich, sondern die erbarmungslose Realität, der Karl sich nach wie vor nicht stellen will. Dies verdeutlicht auch der für das Ende des Dramas so fatale Treueschwur, mit dem er sich an die Räuber bindet. Karl will nicht erwachsen werden.

kein Abschied von infantilen Fantasien

Karls Heimkehrwunsch als infantile Regression

Merkmale von Karls Melancholie:

- zweifelt an Existenz von Sinn
- Verzweiflung nimmt universelle Züge an
- glaubt nicht an die Möglichkeit von Neuanfang und Vergebung
- entfaltet seine Melancholie in Form literarischer Topoi (Gemeinplätze)
  - Zweifel an ihrer Authentizität sind erlaubt

Ursachen für Karls Melancholie:

- unfertige, ich-bezogene Persönlichkeit
- fehlende Bereitschaft, Verantwortung zu übernehemen: Sehnsucht nach Kindheit (infantile Regression)
- Konfrontation mit Folgen seines Handelns

6 Abituraufgaben mit Lösungsvorschlägen

Die hier vorgestellten Klausuraufgaben entsprechen unterschiedlichen Aufgabentypen, wie sie im Zentralabitur aller Bundesländer vorkommen können. Die Arbeitsaufträge (Operatoren) werden jeweils in ihrer Bedeutung erläutert. Um genau zu erfassen, was gefordert ist, ist es immer wichtig, sich die Operatoren genau anzuschauen und gründlich zu überlegen, welche Teiloperationen sie erfordern. Für alle Klausuren wird der Erwartungshorizont für eine ausreichende und eine gute bzw. sehr gute Leistung dargestellt.

Aufgabentypen des Zentralabiturs

gestaffelte Leistungserwartungen

6.1 Textimmanente Aufgabe

Textgrundlage: F. Schiller: DIE RÄUBER. I.2, S. 25–32.

Aufgabenstellung

1. Skizzieren Sie die inhaltliche und gedankliche Struktur des Dialogs zwischen Karl von Moor und Spiegelberg. Ordnen Sie zudem die Szene in den Zusammenhang des Dramas ein.
2. Analysieren Sie das Verhältnis der beiden Figuren in der vorliegenden Szene.
3. Beurteilen Sie, ob und inwieweit es sich bei Karl und Spiegelberg um typische Figuren des *Sturm und Drang* handelt.

Operatoren und allgemeine Erwartungen

Skizzieren:
Dieser Operator umfasst eine *strukturierte Inhaltswiedergabe*. Dies erfordert als Vorarbeit eine inhaltliche Gliederung der Textvorlage. Die Untersuchung der gedanklichen Struktur erfordert darüber hinaus, den Zusammenhang zwischen den inhaltlichen Abschnitten in

Vorarbeiten: Sinnabschnitte bilden, Inhalt stichwortartig bündeln, logische Zusammenhänge mit grafischen Mitteln (Pfeile, Blitze usw.) kennzeichnen

den Blick zu nehmen: Bauen Abschnitte logisch aufeinander auf? Stehen sie im Widerspruch zueinander?

Ordnen Sie ein:
Hier geht es nicht nur darum, den Textausschnitt inhaltlich einzuordnen (An welchem Punkt der Handlung befindet er sich?), sondern die Bedeutung der Szene für die Gesamthandlung und Bedeutung des Dramas darzustellen.

Analysieren:

Analysieren: Untersuchung von Form, Inhalt sowie deren Beziehung zueinander

Analysieren bedeutet immer eine Untersuchung des Inhalts und der Sprachform sowie der Beziehung zwischen beiden Ebenen. Da die allgemeine Inhaltsanalyse schon in Aufgabe 1 geleistet wurde, geht es hier darum, die beiden Figuren im Hinblick auf ihre Intentionen, Überzeugungen und Gefühle vergleichend zu analysieren. Dies schließt eine genaue Untersuchung der verwendeten Sprachebenen und sprachlichen Mittel mit ein.

Aufbau einer Erörterung: Darstellung des Problems ➤ eigener Lösungsansatz ➤ mögliche Gegenargumente ➤ Entkräftung der Gegenargumente und Begründung der eigenen Position ➤ Fazit

Beurteilen:
Hier geht es um ein differenziertes, selbstständiges Sachurteil. Dabei müssen die in Aufgabe 1 und 2 erarbeiteten Charakteristika der Figur mit dem im *Sturm und Drang* vertretenen Ideal des Originalgenies verglichen werden, um zu einem fundierten Urteil zu gelangen. Die Argumentation ist dabei so aufzubauen, dass Argumente für beide möglichen Positionen angeführt und abgewogen werden (dialektische Argumentation).

Aufgabe 1

Mindestanforderungen

Die *inhaltliche Einordnung* sollte in der Einleitung erfolgen, die auch die allgemeinen Informationen zu Thema, Autor, Textsorte und Entstehungszeit enthalten muss.

- erster Auftritt der Hauptfigur Karl von Moor

- Kritik am gegenwärtigen universitären Leben als langweilig, blutleer und verstaubt, Kontrast zum freien Leben antiker Helden

Inhaltlich lässt sich der Dialog in **zwei Phasen** gliedern:

Umschwung

- Karl als Wortführer: entwirft das Ideal eines freien Lebens im Stile antiker Helden; kritisiert die als langweilig und unfrei empfundene Gegenwart

Spiegelberg radikalisiert Karls Ausführungen

- Spiegelberg als Wortführer: stimmt Karl zunächst zu; als er jedoch fordert, das Ideal eines Heldenlebens, das sich über alle gesellschaftlichen und moralischen Konventionen hinwegsetzt, in die Tat umzusetzen, widerspricht Karl und erklärt seinen Entschluss, lieber ein normales Familienleben führen zu wollen.

Konflikt zwischen Karl und Spiegelberg

Neben dieser Zweiteilung ist mindestens zu erkennen, dass hier bereits **Karls widersprüchlicher Charakter** deutlich wird: Er erscheint hin- und hergerissen zwischen Heldenideal und Familienidylle.

Karl zwischen Heldenideal und Familienidylle

Darüber hinausgehende Anforderungen

Für eine gute bzw. sehr gute Leistung muss die scheinbare **Gegensätzlichkeit im Verhalten Karls** näher untersucht werden:

- Das Verhältnis der beiden Textabschnitte kann als Wendepunkt gedeutet werden: Die Radikalisierung von Karls Heldenfantasien durch Spiegelberg zeigt Ersterem, wie problematisch diese Gedanken sind, und führt einen Sinneswandel herbei.
- Andere mögliche Deutung: Im ersten Teil äußert Karl keine ernst gemeinten Aussagen, sondern eine etwas angeberische, schauspielerische Pose. Dies ließe sich etwa mit der Regieanweisung am Ende des ersten Abschnitts belegen, nach der Karl seinen Redebeitrag wie ein Schauspieler beendet.

Karls Auftritt zu Beginn: Authentizität oder Verstellung?

Bedeutung der Szene für den weiteren Verlauf des Dramas:

- Karl pendelt auch als späterer Räuberhauptmann zwischen dem Wunsch nach Rebellentum und der Rückkehr in den Schoß der Familie.
- Die moralische Fragwürdigkeit von Karls späterer Räuberexistenz wird angedeutet.
- Die große Bedeutung, die Karl im zweiten Textabschnitt der Familie beimisst, lässt erahnen, was es für ihn bedeutet, von dieser verstoßen zu werden.

Karls moralische Fragwürdigkeit deutet sich an

Aufgabe 2

Mindestanforderungen

Überzeugungen und Intentionen:

- Sowohl Karl als auch Spiegelberg üben Kritik am „tintenklecksenden Säkulum" (455), womit eine (universitäre) Gesellschaft gemeint ist, die Freiheit nur theoretisch durchdenken, nicht aber praktisch werden lassen will.
- Alles, was die körperliche und geistige Freiheit des Einzelnen einschränkt, wird von Karl mit dem Begriff „Gesetz" (519) in Verbindung gebracht und abgelehnt.
- Im zweiten Teil des Dialogs distanzieren sich Spiegelberg und Karl mehr und mehr voneinander, da sie unterschiedliche Konsequenzen aus dieser Grundeinstellung ziehen: Während für Karl das Familienleben den ersehnten Freiheitsraum darstellt und er sich dementsprechend von seinen studentischen Streichen verabschiedet, sieht Spiegelberg genau darin den Ausdruck eines systematischen Konventionsbruchs, den er nicht nur fortsetzen möchte, sondern immer weiter steigern will.

Freiheit zwischen Theorie und Praxis

Praktische Freiheit innerhalb oder außerhalb der Gesellschaft?

Gefühle:
- Beide Figuren stellen das individuelle Genie des großen Einzelnen über die kalte, allgemeine Vernunft.
- Während Karls Emotionalität jedoch am Ende der Textstelle zunächst in die Bahnen familiärer Liebe kanalisiert wird, erhält sie bei Spiegelberg mehr und mehr eine aggressive Note, die sich zudem mit einer instrumentellen Vernunft paart.

Emotionalität statt Rationalität?

Sprachanalyse:
- Sowohl Karl als auch Spiegelberg verwenden eine Sprache, die bewusst gegen Konventionen verstößt und provozieren soll.

provozierende Sprache

Darüber hinausgehende Anforderungen

Überzeugungen und Intentionen:
- Die Komplementarität der beiden Figuren sollte herausgearbeitet werden.
- Bereits der Name Spiegelberg ist sprechend: Die Figur hält Karl den Spiegel vor, indem sie ihm die unmoralischen Konsequenzen seines zu Beginn entfalteten, ichbezogenen Rebellentums vor Augen führt.
- Karl kritisiert in dieser Textstelle zwar Spiegelberg deutlich, verdrängt aber offensichtlich, dass dieser nur aufgreift, was bei Karl schon grundgelegt ist.
- Der grundsätzlich ambivalente Charakter der Freiheit, die dann problematisch wird, wenn sie sich über die Freiheit anderer hinwegsetzt, kann in diesem Zusammenhang erwähnt werden.

Komplementarität: Ähnlichkeit bei scheinbarer Gegensätzlichkeit

Ambivalenz der Freiheit

Gefühle:
- Karls Emotionalität ist im Grunde eine künstliche, die sich an bestimmten literarischen Vorbildern (Helden der griechischen Mythologie) orientiert.

griechische Mythologie als Projektionsfläche für Karls Wunschvorstellungen

- Rhetorische Gestaltung der Sprache Karls, der nicht authentisch spricht.
- Spiegelbergs von Größenwahn geprägte Gefühlsausbrüche korrespondieren mit einer signifikanten Gefühlskälte.

Spiegelberg: Größenwahn und Gefühlskälte

Sprachanalyse:

- Karl verwendet zahlreiche vulgärsprachliche Begriffe, die dem Bereich des Sexuellen und der groben Körperlichkeit entstammen.
- Karl und Spiegelberg: hyperbolische Sprache, von der Karl sich allerdings später distanziert, während Spiegelberg sie noch weiter steigert

Hyperbel: sprachliche Figur der Übertreibung

- Rhetorische Gestaltung bei Karl: antithetische Gegenüberstellung der defizitären Gegenwart mit dem heroischen Ideal der Antike, Metaphorik, Parallelismen ➤ keine authentische und spontane Gefühlsäußerung, sondern angelesene Attitüde

Karl: keine authentische, sondern rhetorisch geformte Sprache

- Spiegelbergs Größenwahn zeigt sich ebenfalls in Form und Inhalt der Sprache: Rhetorische Fragen und Ausrufe unterstreichen den brachialen, hyperbolisch formulierten Inhalt. Dies wird jedoch derart auf die Spitze getrieben, dass es schon fast ironisch wirkt – vor allem, wenn es mit dem wenig heroischen, alkoholisierten Zustand des Redners konfrontiert wird („Verfluchte Schlafsucht!“ 679).

Spiegelbergs von Größenwahn geprägte Sprache wirkt fast ironisch

Aufgabe 3

Mindestanforderungen

Es sollte gezeigt werden, dass beide Figuren typische Einstellungen des *Sturm und Drang* vertreten:

Sturm und Drang: Ideal des Originalgenies

- Das Ideal des individuellen, freien, großen Einzelnen ist wichtiger als gesellschaftliche Konventionen, die als Einschränkung dieser Freiheit empfunden werden.

- Typische sprachliche Merkmale des *Sturm und Drang* sollten exemplarisch am Text dargestellt werden: körperliche Bildlichkeit, Hyperbolik, Ausrufe.

Darüber hinausgehende Anforderungen

Darüber hinaus sollte verdeutlicht werden, dass die Ideale des *Sturm und Drang* in diesem Textausschnitt *in einem kritischen Licht* erscheinen:

- Karl hat sich seine Ideale offenbar nur angelesen und führt sie wie ein Schauspieler auf, ohne sie tatsächlich ernst zu nehmen.
- Spiegelberg verdeutlicht die Unmenschlichkeit und den Größenwahn eines übersteigerten *Sturm-und-Drang*-Ideals.

Sturm und Drang: nur ein literarisches Ideal und eine Modeerscheinung?

Auch auf die Sprache sollte näher eingegangen werden: Besonders anhand der Figur Karls kann gezeigt werden, wie der eigentliche, auf Authentizität abzielende Impetus des *Sturm und Drang* in sein Gegenteil verkehrt wird, wenn er sich zu einem modischen, zitierbaren Jargon entwickelt.

6.2 Analyse eines Paralleltextes

F. Schiller: Selbstbesprechung im „Wirtembergischen Repertorium". In: Ders.: Sämtliche Werke. Erster Band. Gedichte. Dramen I. München (Carl Hanser Verlag) 1987 S. 623.

Der Dichter führte uns also in eine Republik[1] hinein, auf welcher, als auf etwas Außergewöhnlichem, unsere Aufmerksamkeit weilet. Wir haben eine so ziemlich vollständige Ökonomie[2] der ungeheuersten Menschenverirrung, selbst ihre Quellen sind aufgedeckt, ihre Ressorts angegeben, ihre Katastrophe ist entfaltet. Allerdings würden wir vor dem kühnen

---

[1] hier: Bereich der dramatischen Handlung

[2] Zusammenhang, Verhältnis

Gemälde der sittlichen Häßlichkeit zurücktreten, wofern nicht der Dichter durch etliche Pinselstriche Menschlichkeit und Erhabenheit hineingebracht hätte. Wir sind geneigter, den Stempel der Gottheit aus den Grimassen des Lasters herauszulesen, als ebendenselben in einem regelmäßigen Gemälde zu bewundern; eine Rose in der sandigten Wüste entzückt uns mehr, als deren ein ganzer Hain in den Hesperischen Gärten[3]. Bei Verbrechern, denen das Gesetz als Idealen moralischer Häßlichkeit die Menschheit abgerissen hat, erheben wir auch schon einen geringern Grad von Bosheit zur Tugend, so wie wir im Gegenteil all unsern Witz[4] aufbieten, im Glanz eines Heiligen Flecken zu entdecken. Kraft eines ewigen Hangs, alles in dem Kreis unserer Sympathie zu versammeln, ziehen wir Teufel zu uns empor und Engel herunter. Noch einen zweiten Kunstgriff benutzte der Dichter, indem er dem weltverworfenen Sünder einen schleichenden entgegensetzte, der seine scheußlichern Verbrechen mit günstigerem Erfolge und weniger Schande und Verfolgung vollbringt. Auf diese Art legen wir nach unserer strengen Gerechtigkeitsliebe mehr Schuld in die Schale des Begünstigten, und vermindern sie in der Schale des Bestraften. Der erste ist um so viel schwärzer, als er glücklicher, der zweite um so viel besser, als er unglücklicher ist. Endlich hat der Verfasser vermittelst einer einzigen Erfindung den fürchterlichen Verbrecher mit tausend Fäden an unser Herz geknüpft: – Der Mordbrenner liebt und wird wieder geliebt.

Aufgabenstellung

1. Fassen Sie zusammen, welche Aussagen Schiller über die Konstruktion dramatischer Figuren macht.
2. Beziehen Sie die allgemeinen Aussagen Schillers auf die Konstruktion der Figuren Karl und Franz im Drama DIE RÄUBER.

---

[3] sehr schöner Garten in der gr. Mythologie, in dem goldene Äpfel wachsen, die den Göttern ewige Jugend verleihen

[4] Verstand

3. Erörtern Sie ausgehend von den Überlegungen Schillers und unter Berücksichtigung geeigneter Textstellen, ob es sich bei Karl und Franz um gegensätzliche oder komplementäre Figuren handelt.

Operatoren und allgemeine Erwartungen

Fassen Sie zusammen:
Hier geht es darum, die Kernthesen Schillers knapp wiederzugeben. Dabei müssen Sie vor allem darauf achten, nicht zu stark zu paraphrasieren, also wirklich in eigenen Worten zu formulieren und die zentralen Gedanken auf den Punkt zu bringen.

Inhaltswiedergabe muss sich von Paraphrase (Nacherzählung) unterscheiden

Beziehen Sie auf:
In dieser Aufgabe müssen Sie untersuchen, inwieweit das, was Schiller in der Selbstbesprechung über die Konstruktion der Figuren behauptet, tatsächlich auf das Drama zutrifft. Dabei geht es einerseits darum, das im Sachtext allgemein Dargestellte anhand der beiden Figuren zu konkretisieren. Andererseits erlaubt die Aufgabenstellung auch ein begründetes kritisches Urteil darüber, ob die Figuren des Dramas tatsächlich dem entsprechen, was Schiller über sie in der Selbstbesprechung behauptet.

Erörtern:
Sie müssen hier Gründe für beide Positionen (komplementär und entgegengesetzt) sammeln, die Gründe gewichten, abwägen und strukturiert darstellen. Die abschließende Positionierung muss keineswegs im Sinne eines Entweder-Oder erfolgen, sondern kann durchaus differenziert als Einerseits-Andererseits ausfallen, sollte jedoch in ein fokussiertes Fazit münden.

Arbeitsschritte
➤ siehe S. 77 f.

Aufgabe 1

Mindestanforderungen

In diesem Auszug aus Schillers Selbstrezension seines Dramas entfaltet der Autor **zwei Kernthesen:**

gemischte Charaktere statt Schwarz-Weiß-Malerei

- Ein Theaterschriftsteller sollte seine Figuren im Sinne gemischter Charaktere gestalten und Schwarz-Weiß-Malerei vermeiden. Dabei reiche es nicht, bei einem durch und durch negativen Charakter die Gründe für seine Negativität offen zu legen. Vielmehr müsse er, damit sich die Zuschauer tatsächlich mit ihm auseinandersetzen, auch positive Eigenschaften haben.
- Die verschiedenen, überwiegend negativ besetzten Figuren sollten abgestuft gestaltet werden, damit die Zuschauer sich mit ihnen – auch im Sinne von Identifikation – emotional auseinandersetzen können. Derjenige, dessen Bosheit zum Erfolg führt, erscheine somit negativer als der, der unglücklich über sich selbst sei. Entscheidend für die Identifikation des Publikums mit einer Figur sei letztlich die Frage, ob die Figur imstande ist zu lieben.

Publikum muss Identifikationsmöglichkeiten besitzen

Darüber hinausgehende Anforderungen

Für eine gute oder sehr gute Arbeit sollte der Zweck differenzierter angegeben werden, den Schiller mit seinen Überlegungen zur Konstruktion von Theaterfiguren verknüpft: Es geht ihm nicht nur um vordergründige Wirkabsichten im Hinblick auf das Publikum, sondern um das Verhältnis von moralischer Negativität und Positivität: Letztlich dient ihm Negativität als Kontrastmittel, um das Positive deutlicher in Erscheinung treten zu lassen.

keine reine Wirkungsästhetik

Der Zusammenhang zwischen den beiden Kernthesen sollte untersucht werden: Der Schlüssel zum Verständnis dieses Zusammenhangs bildet der oben dargestellte

Zweck der Negativität als Kontrastmittel für das Positive: Nicht nur in der einzelnen Figur tritt das Positive vor einem insgesamt negativen Hintergrund deutlicher zutage (These 1), sondern auch im Verhältnis verschiedener Figuren zueinander (These 2).

Funktionen der Negativität

Obwohl in dieser Aufgabe die Inhaltswiedergabe im Vordergrund steht, sollte zumindest schlaglichtartig auf die sprachliche Gestaltung eingegangen werden: Schiller verwendet durchgehend eine bildliche, metaphorische Sprache, in der die Arbeit des Theaterschriftstellers mit der eines Malers verglichen wird. Das Thema Gerechtigkeit wird mit dem Symbol der Waage verbildlicht, das der Identifikation durch Webmetaphorik („mit tausend Fäden an unser Herz geknüpft" 30).

bildliche Sprache auch in einem theoretischen Text

Aufgabe 2

Mindestanforderungen

Zunächst muss ganz grundsätzlich erkannt werden, dass Karl mit dem „weltverworfenen Sünder" und Franz mit dem „schleichenden" gemeint ist. (21 f.)

- In Bezug auf **Karl** sollte dargestellt werden, dass dieser im Gegensatz zu seinem Bruder Franz eher eine Identifikation vonseiten des Publikums ermöglicht. Die von Schiller angesprochenen „Pinselstriche Menschlichkeit und Erhabenheit" (8 f.) zeigen sich bei Karl, da er anders als Franz hinter der Oberfläche seines universalen Hasses im Grunde seinen Vater liebt und auch in Bezug auf seine Räuberexistenz ständig von einem schlechten Gewissen geplagt wird. Auch der letzte Satz „Der Mordbrenner liebt und wird wieder geliebt" (30 f.) lässt sich auf Karl beziehen.

Karl ermöglicht Identifikation des Publikums.

- **Franz** passt zur Charakteristik des hinterhältig „schleichenden" Verbrechers, der aufgrund seiner Verstellungskunst und Intriganz seine Schandtaten zunächst

Franz: Intrigen und Verstellung

„mit günstigerem Erfolge und weniger Schande und Verfolgung vollbringt". (23 f.)

- Er ist eine schwarze Kontrastfolie für die differenzierter gestaltete Figur seines Bruders.

psychologische Ursachen von Franz' Egozentrik

- Die abgrundtiefe Bosheit des Franz wird im Drama auf ihre psychologischen Ursachen hin durchsichtig gemacht. Die „ungeheuerste [...] Menschenverirrung" (4) muss in Bezug auf Franz genauso erläutert werden wie „ihre Quellen" (4 f.): Sie besteht in seinem materialistischen, zweckrationalen Welt- und Menschenbild, in dem moralische Werte keinerlei Gültigkeit besitzen und allenfalls zu manipulativen Zwecken herangezogen werden können. „Quelle" dieses skrupellosen Egoismus ist jedoch eine durchgängige Benachteiligung von Franz durch Familie und Gesellschaft von frühester Kindheit an.

Darüber hinausgehende Anforderungen

Eine gute oder sehr gute Klausur sollte den kritischen Unterton erfassen, der in den Ausführungen Schillers mitschwingt, und ihn auf die Figuren Franz und Karl sowie deren Rezeption beziehen. Sätze wie „Bei Verbrechern [...] erheben wir auch schon einen geringern Grad von Bosheit zur Tugend" (13 ff.) oder „Kraft eines ewigen Hangs, alles in dem Kreis unserer Sympathie zu versammeln, ziehen wir Teufel zu uns empor und Engel herunter" (18 ff.) verdeutlichen, dass Schiller zwar eine Rezeption erwartet, die Karl einseitig positiv und Franz einseitig negativ beurteilt, dieser aber keineswegs unkritisch gegenübersteht.

Dennoch erscheint ausgerechnet diese Rezeption paradoxerweise vom Autor intendiert zu sein: „Endlich hat der Verfasser vermittelst einer einzigen Erfindung den fürchterlichen Verbrecher mit tausend Fäden an unser Herz geknüpft: – Der Mordbrenner liebt und wird wieder geliebt.“ (28 ff.) Auch eine sehr gute Klausur muss diesen Widerspruch nicht unbedingt auflösen, da er in Schillers Selbstrezension so stehen bleibt: Karl bleibt ein „fürchterlicher Verbrecher“ und „Mordbrenner“, auch wenn das Publikum mit ihm sympathisieren soll.

Liebe als zentrales Motiv

Aufgabe 3

Mindestanforderungen

Eine Klausur, die den Mindestanforderungen genügt, wird vermutlich die Gegensätzlichkeit der beiden Figuren deutlicher betonen. Allerdings sollten auch grundlegende Ähnlichkeiten zwischen Karl und Franz begründet dargestellt werden – genauso wie eine sehr gute Klausur die Gegensätze und Unterschiede nicht aus dem Blick verlieren darf: Komplementarität bedeutet schließlich nicht einfach Ähnlichkeit, sondern Ähnlichkeit hinter einer scheinbar rein gegensätzlichen Oberfläche.

Komplementarität: nicht nur Ähnlichkeit oder Gegensatz

Mentalität:

- Während Franz bereits bei seinen ersten Auftritten im ersten Akt als kalt berechnender Vernunftmensch auftritt, erscheint Karl von Beginn an sehr emotional: In seinem ersten Auftritt entfaltet er sehr emotional-pathetisch seine Abrechnung mit der als leblos empfundenen Rationalität.

äußere Erscheinung:

- Karl wird als stattliche, ansehnliche Figur beschrieben, während sich Franz selbst über seine Hässlichkeit beklagt (I.1).

Einstellung zur Moral:

- Während Franz das Gewissen als gesellschaftliche Erfindung abtut, um „den Pöbel unter dem Pantoffel zu halten“ (I.1), wird Karl immer wieder von Gewissensbissen geplagt. Beide sind allerdings bereit, für ihre jeweiligen Ziele Menschenleben zu opfern und moralische Maßstäbe hintanzustellen.

Darüber hinausgehende Anforderungen

Eine Klausur im oberen Notenbereich sollte darüber hinaus hintergründige Ähnlichkeiten zwischen Karl und Franz freilegen – gerade dort, wo die beiden auf den ersten Blick so unterschiedlich sind.

Psychologische Seite der Familienkonstellation:

Ichbezogenheit bei Karl und Franz

- Beide entwickeln sich aus unterschiedlichen Gründen zu extrem ichbezogenen Persönlichkeiten, die auf eine Zurücksetzung ihres Egos aggressiv reagieren und diese Aggression in ein Gedankengebäude münden lassen, in dem sie einer vermeintlich übelwollenden Welt gegenüberstehen. Beide möchten sich an dieser Welt rächen, indem sie Herrschaft und Gewalt ausüben und sich über moralische Werte hinwegsetzen. Dabei sollte auffallen, dass beide genau die Eigenschaften idealisieren, über die sie selbst verfügen (Karl: Körperlichkeit; Franz: Rationalität), und die verabscheuen, an denen es ihnen mangelt.

Einstellung zum Gewissen:

- Zwar wird Franz erst im letzten Akt vom schlechten Gewissen eingeholt, aber eine zentrale Gemeinsamkeit mit Karl fällt auf: Beide glauben nicht an die Möglichkeit von Vergebung und Neuanfang.

Literarhistorische Strömungen:

- Franz erscheint als Vertreter einer negativ ausgeprägten, „schwarzen“ *Aufklärung*

- Karl besitzt typische Eigenschaften des Sturm und Drang (Emotionalität, Sehnsucht nach heroischer, schöpferischer Einzigartigkeit).
- Im Geniegedanken treffen sich beide jedoch: Karl und Franz sehen sich als Originalgenie, das gegen Konventionen rebelliert bzw. sich darüber hinwegsetzt.

die Figuren zwischen *Aufklärung* und *Sturm und Drang*: zwei unterschiedliche Repräsentanten des Geniegedankens

6.3 Kontextaufgabe

Th. Assheuer: Die Gewalt der Freiheit. (gekürzt) In: DIE ZEIT, Nr. 2., 4.1.2005.

Es klingt wie eine große Wende, wie eine Konversion[1]. Am 13. Juli 1793 schreibt Friedrich Schiller an seinen Gönner, den Herzog Friedrich Christian von Augustenburg, und schildert ihm sein Entsetzen über die barbarischen Auswüchse der Französischen Revolution. Schiller empfindet Abscheu; er ist angewidert von den „rohen gesetzlosen Trieben“ und dem Wüten der „wilden Tiere“. Das französische Volk, das sich zu Recht in seine „heiligen Menschenrechte“ habe „einsetzen“ wollen, hat „einen beträchtlichen Teil Europas, und ein ganzes Jahrhundert, in Barbarei und Knechtschaft zurückgeschleudert“. […]

In diesen Sätzen tönt Schiller nicht mehr wie ein Idealist. Er klingt wie jemand, der eine fürchterliche Entdeckung gemacht und das dunkle Wesen des Menschen erkannt hat, seine rohe und „viehische“ Gewalt, seine ungebärdige Triebnatur, gegen die das „Sittengesetz“[2] machtlos scheint. Aus diesem Grund sollten die staatlichen „Ketten“ nicht mehr sofort, sondern erst dann fallen, wenn die rohe Menschnatur, der „wilde Despotismus der Triebe“, durch Kunst und Spiel humanisiert und der Einzelne zur Ausübung seiner Freiheit fähig ist.

War das nicht ein Widerruf? Ein offener Verrat an den heiligen Zielen der Freiheit? Eben noch hatte Schiller behauptet, es existiere eine unsichtbare Hand, die die Geschicke der Menschen leitet und alles Tun und Trachten zum Guten lenkt.

[1] Wechsel religiöser Überzeugung bzw. der Konfession

[2] Grundlage der Moral

[…] Doch dieser Thronsturz hat auch sein Gutes. Denn nun erkennt man Schichten in Schillers Werk, die bislang unter den Zurichtungen „bürgerlicher“ Traditionspflege oder wohlfeiler[3] Verachtung verschwunden waren. In Wirklichkeit nämlich war Schillers Idealismus ein dünnes Eis. Nachdem es abgeschmolzen ist, kommt etwas ganz anderes zum Vorschein, überscharf und übermächtig: Schillers Erfahrung von der unterirdischen Gewalt in den menschlichen Verhältnissen.

Diese Erfahrung hatte Schiller sich nicht erst aus Büchern und historischen Fibeln zusammenlesen müssen; er kannte sie aus eigener Anschauung. Wenn er über die Zuchtrute des Despotismus schrieb, dann wusste er, wovon er redete. Am eigenen Leibe hatte er in der „Sklavenplantage“ des Stuttgarter Internats (so der Dichter Daniel Schubart) die Peitsche der „Subordination“[4] erlebt, monotone Schinderei und tägliche Erniedrigung. […]

Was Macht und Gewalt angeht, so bedurfte der Aufklärer keiner Aufklärung, und bald entwickelte Schiller ein absolutes Gehör für ihren Refrain: Macht übt Macht aus, weil sie mächtig ist. Sie feiert sich selbst und möchte ihre Logik stets aufs Neue beweisen. Das war das spätere Wallenstein-Syndrom: Die Macht verrät ihre Ziele; sie wechselt die Seiten, nur um an der Macht zu bleiben. Schiller ahnte, dass sich dieser Mechanismus auch in der besten aller Welten nicht in Luft auflösen würde. Sogar im „Tempel der Freiheit“ muss man mit ihm rechnen.

[…] Die Aufklärung hatte die Gewalt unterschätzt und war nun in ihrem Fortschreiten „ein Jahrhundert“ zurückgeworfen. Sie hatte die Menschen nicht „humanisiert“, nicht friedlicher gemacht, gar nichts. Sie war, wie Schiller schreibt, „theoretische Kultur“ geblieben, gleichsam eine elitär gepuderte Veranstaltung, ein Patchwork der Minderheiten und eine Koalition der Willigen, die es sich in possierlichen Debattier-Zirkeln einer halb bürgerlichen, halb höfischen Geisteskultur

---

[3] billiger

[4] Unterordnung

kommod[5] gemacht hatte. Den einfachen Mann hatte die Aufklärung nicht erreicht, und im Herz der gemeinen Menge hatte sie keine Wurzeln geschlagen.

Aber Schiller geht noch einen Schritt weiter. Die Aufklärung, so liest man zwischen den Zeilen, hatte nicht nur die Gewalt der Menschen unterschätzt, sondern auch ihre eigene. [...]

Ursprünglich glaubte Schiller, das „Regiment[6] der Vernunft“ könne das Begehren der Macht unschädlich machen oder in Schach halten. Jetzt fürchtet er, dass dem Vernunftideal selbst ein Gewaltmoment innewohnt, das zum Vorschein kommt, sobald das Ideal in den dicht gewebten Realitäten des Lebens durchgesetzt wird. [...]

Das heißt nun nicht, Schiller predige eine tragische Metaphysik[7]. Er ist kein Tragiker im alten Sinn. Er sagte nicht, Macht und Gewalt gehörten zur sinnvollen Grundausstattung der Geschichte oder seien gar Bestandteil der göttlichen Vorsehung. Im Gegenteil, Selbstbestimmung ist die Urszene[8] des Menschen und Freiheit sein höchstes Gut. An der Legitimität der Neuzeit ist nicht zu rütteln. Weil Macht und Gewalt nicht sein dürfen, müssen Naturzustände in Rechtszustände überführt und die „blinde Herrschaft der Notwendigkeit“ gebrochen werden.

Trotzdem machte sich der späte Schiller keine Hoffnung, die „Tragödie des Idealismus“ würde eines Tages zu Ende kommen und auf Dauer von der Weltbühne verschwinden. Auch nach dem Sieg der Freiheit bezeichnen Macht und Gewalt das Grundproblem der Geschichte.

An der unbedingten Freiheit festhalten und doch ihr mögliches Gewaltmoment erkennen: Darin steckt die durchaus aktuelle Einsicht eines genialen Dramatikers, der für Propagandafeldzüge und „Freiheitskriege“ ungeeignet ist und dessen Stücke mehr von den Ambivalenzen des Idealismus enthalten, als dem westlichen Selbstbewusstsein heute lieb sein kann.

---

[5] angenehm, gemütlich
[6] Herrschaft
[7] Lehre vom Nichtmateriellen, hier im Sinne letztgültiger Wahrheiten
[8] Grundbedingung

Aufgabenstellung

1. Geben Sie den Gedankengang Assheuers wieder. Analysieren Sie dabei auch Argumentationsstruktur und Sprache des Aufsatzes.
2. Untersuchen Sie, ob und inwieweit die Ideale der *Aufklärung* auch im Drama DIE RÄUBER einer Selbstkritik unterzogen werden. Nehmen Sie abschließend Stellung zum letzten Satz Assheuers („An der unbedingten Freiheit festhalten und doch …").

Operatoren und allgemeine Erwartungen

Geben Sie wieder/Analysieren Sie dabei:
Die Verknüpfung der beiden Operatoren verdeutlicht, dass Sie nicht nur den Inhalt des Zeitungstextes wiedergeben, sondern den logischen Aufbau und die sprachlichen bzw. rhetorischen Mittel im Hinblick auf ihre Funktion und Wirkung untersuchen müssen. Gerade Letzteres erfordert, dass Sie die entsprechenden Fachbegriffe sicher und präzise verwenden.

Präzise und angemessene Begrifflichkeit ist entscheidend.

Untersuchen:
Hier müssen Sie anhand konkreter Textbelege darstellen, ob die Kernthese Assheuers auch auf das Drama DIE RÄUBER zutrifft. Dies können Sie sowohl anhand inhaltlicher Gesichtspunkte der Handlung als auch anhand der Konstruktion einzelner Figuren untersuchen. Letzteres dürfte allerdings ergiebiger sein.

Nehmen Sie Stellung:
Hier müssen Sie sich differenziert und begründet zu folgenden beiden im letzten Satz Assheuers enthaltenen Aspekten äußern:

- Das Thema „Ambivalenz der Freiheit" ist heute noch aktuell.
- Das Thema besitzt ein kritisches Potenzial für die heutige Gesellschaft.

Auch hier können Sie selbstverständlich einzelnen Aspekten zustimmen, andere aber ablehnen. Wichtig ist, dass Sie auch mögliche Gegenargumente bedenken, also differenziert argumentieren.

In einer Stellungnahme darf nicht nur für die eigene Position argumentiert werden.

Aufgabe 1

Mindestanforderungen

Inhaltliche und gedankliche Gliederung des Textes:

- *Ausgangsbeobachtung:* Schillers überraschende Kritik an der Französischen Revolution (Z. 1–10)
- *Problematisierung:* scheinbarer Widerspruch dieser Kritik zu Schillers aufgeklärt-idealistischen Positionen (Z. 11–23)
- *Kernthese Assheuers:* In Schillers Texten schwang immer schon ein untergründiger Zweifel daran mit, ob sich menschliche Beziehungen (auch in politisch-gesellschaftlicher Hinsicht) gewaltfrei gestalten lassen (Z. 24–31)
- *Biografischer Beleg:* Bereits in seiner Schulzeit musste Schiller erfahren, dass Macht immer gewaltförmig und an ihrem Selbsterhalt interessiert ist (Z. 32–48)
- *Behauptung Assheuers: Aufklärung* unterschätzte Macht und Gewalt, da sie selbst auf theoretische Reflexion beschränkt blieb (Z. 49–59)
- *Darauf aufbauende, weitergehende Denkfigur Schillers:* Schiller geht noch weiter, indem er das der *Aufklärung* immanente Gewaltpotential erkennt, da auch aufgeklärte Vernunft zur gewaltsamen Durchsetzung von Machtinteressen instrumentalisiert oder Gewalt- und Machtausübung als Mittel zur Durchsetzung aufgeklärter Ideale legitimiert werden kann (Z. 60–68)
- *Differenzierung:* Schiller ist kein Anti-Aufklärer, fordert statt dessen illusionslose Selbstkritik der *Aufklärung* als Bedingung dafür, dass sie ihre richtigen

Ziele nicht selbst verrät: Aufklärung der *Aufklärung* (Z. 69–82).

- *Fazit:* Die von Schiller gewonnene Einsicht in die Ambivalenz der Freiheit ist heute noch aktuell und besitzt ein kritisches Potenzial für heutige Gesellschaften. Schiller lässt sich aufgrund der selbstkritischen Denkfigur nicht ohne weiteres für ideologische Zwecke instrumentalisieren (Z. 83–88).

Sprachanalyse umfasst Syntax und Semantik

Im **Bereich der Sprachanalyse** sollte darauf hingewiesen werden, dass Thesen und Behauptungen in überwiegend parataktischem Stil (Hauptsätze, wenig Satzgefüge) präsentiert, während nähere Begründungen und Erläuterungen durchaus hypotaktisch formuliert werden. Auch sollte herausgestellt werden, dass Assheuer seine Thesen in Bezug auf Schiller eher behauptet als belegt, obwohl immer wieder kürzere Schiller-Zitate eingefügt werden.

Darüber hinausgehende Anforderungen

dialektische Struktur: These ➤ Antithese ➤ Synthese

Die Gesamtstruktur des Textes sollte als dialektisch gekennzeichnet werden: Der Ablehnung der Französischen Revolution (These) wird die idealistisch-aufgeklärte Grundhaltung (Antithese) gegenübergestellt; dieser (scheinbare) Widerspruch wird im weiteren Verlauf des Artikels aufgelöst bzw. erläutert (Synthese).

Eine gute oder sehr gute Sprachanalyse wird semantische und syntaktische Figuren näher analysieren:

- **Parallelismen**, die wichtige Behauptungen unterstreichen: „Den einfachen Mann hatte die *Aufklärung* nicht erreicht, und im Herz der gemeinen Menge hatte sie keine Wurzeln geschlagen." (Z. 57 f.).
- **Rhetorische Fragen** verschärfen die Problemstellung: „War das nicht ein Widerruf? Ein offener Verrat an den heiligen Zielen der Freiheit?" (Z. 20 ff.).

- Zentrale Begriffe werden als **Hendiadyoin** – oft zusätzlich mit **Alliterationen** verknüpft – unterstrichen: „Tun und Trachten" (Z. 23), „überscharf und übermächtig" (Z. 29 f.).
- Entwicklungen in Schillers Denken werden **antithetisch** zugespitzt: „Ursprünglich glaubte Schiller, […] Jetzt fürchtet er, […]." (Z. 63 ff.).

Verknüpfung vom Sinn her ähnlicher oder gleicher Begriffe zur Betonung der Aussage

Auch sprachliche Mittel aus dem Bereich der Semantik sollten analysiert werden, da **Metaphern** („Thronsturz", Z. 24), **Genitivallegorien** („Peitsche der ‚Subordination'", Z. 37), **Personifikationen** („als dem westlichen Selbstbewusstsein heute lieb sein kann", Z. 88) und **Vergleiche** („gleichsam eine elitär gepuderte Veranstaltung", Z. 53 f.) die Überzeugungskraft durch Anschaulichkeit verstärken sollen.

Durch ein Genitivattribut wird die Übertragung von der Bild- in die Bedeutungsebene geleistet.

Auch in sehr guten Klausuren kann es jedoch nicht um Vollständigkeit gehen, sondern darum, dass anhand exemplarischer Textstellen analytisch in die Tiefe gegangen wird.

Nicht Vollständigkeit, sondern analytische Genauigkeit ist das Ziel.

Aufgabe 2

Anforderungen

Hier ist es wichtig zu erkennen, dass die Textaussagen des Dramas nicht nur im Sinne der *Aufklärung* zu deuten sind, sondern auch Kritik am Denken der *Aufklärung* deutlich wird. Dies lässt sich vor allem an Konstruktion und Verhalten der Figuren zeigen.

- Klare Kritik am spätabsolutistischen Gesellschaftsmodell: z. B. in der Kosinsky-Episode im dritten Akt, in der die moralische Verkommenheit und Korruptheit von Herrschern und Amtsträgern deutlich wird.
- Die Art und Weise, wie Spiegelberg Mitglieder für die Bande rekrutieren kann (II.3), unterstreicht die ungerechte Chancenverteilung innerhalb der Gesellschaft.

Kritik an der absolutistischen Gesellschaft

- Die Schwäche des alten Moor kann symbolisch als die Schwäche der überkommenen Adelsgesellschaft gedeutet werden.

Die eigentliche Pointe des Dramas besteht allerdings darin, dass auch die Auflehnung der Söhne Karl und Franz gegen die Ordnung der Väter weder moralisch noch politisch überzeugen kann:

Das Drama bietet bewusst keine Lösungen.

- Karls Rebellion hat eher psychologische als politische Ursachen und Ziele; außerdem nimmt er für seine Aktionen unschuldige Opfer in Kauf.
- Franz möchte zwar seinen Vater aus dem Weg räumen, aber keineswegs eine aufgeklärtere Herrschaftsform etablieren; im Gegenteil geht es ihm um brutalste, absolute Machtausübung, wie in II.2 klar wird.

Damit allein lässt sich Assheuers These aber noch nicht bestätigen: Zwar wird so deutlich, dass dem voraufklärerischen Denken kein positives Aufklärungsideal entgegengestellt wird, aber noch nicht gezeigt, ob im Drama das Denken der *Aufklärung* selbst einer Kritik unterzogen wird.

Franz: Verknüpfung von Rationalität und unmoralischem Verhalten

- An **Franz** wird jedoch gezeigt, wie sich despotischer Machtwille und bewusst unmoralisches Verhalten mit aufgeklärt rationalem Denken verbinden kann. Dies lässt sich an Franz' Monologen in I.1, II.1 und II.2 verdeutlichen.
- Zwar begründet **Karl** in II.3 gegenüber dem Pater sein Handeln im Sinne typisch aufgeklärter Herrschaftskritik, allerdings wird im gesamten zweiten Akt betont, dass gerade auch die unterdrückten gesellschaftlichen Unterschichten unter den Aktionen der Räuberbande zu leiden haben.

Auch Karl nimmt unschuldige Opfer in Kauf.

Bei der **eigenen Stellungnahme** müssen die oben genannten Aspekte diskutiert werden:

Mögliche Argumente für die These von der aktuellen und gesellschaftlich relevanten Ambivalenz der Freiheit lassen sich sowohl im **Bereich individueller Lebensgestaltung** als auch in den **Kernfragen aktueller Weltpolitik** finden.

- Kann der Zwang, das eigene Leben selbst gestalten zu müssen, nicht auch als Belastung empfunden werden (der aufgeklärte Mensch als zur Freiheit verdammtes Wesen)?
- Ab wann schränkt die Freiheit des einen Individuums die des anderen ein?
- Kann verabsolutierte Selbstbestimmung und Individualisierung zu Bindungslosigkeit und Fragmentierung der Gesellschaft führen?
- Ist es wirklich legitim, für die Werte der *Aufklärung* Krieg zu führen oder für den Schutz der Freiheit Freiheitsrechte zu verletzen und z. B. Folter zu erlauben („Krieg gegen den Terror")?
- Gegen diese These könnte auf der Ebene individueller Beziehungen sprechen, dass nur die Freiheit dem Vernunftkriterium der Verallgemeinerbarkeit entspricht, die sich selbst zugunsten der Freiheit des anderen beschränkt.
- Auf der Ebene von Gesellschaft und Politik könnte argumentiert werden, dass trotz allem die gesellschaftlichen Ideale der *Aufklärung*, also Demokratie, Freiheit und Menschenrechte, zu einem Erfolgsmodell der westlichen Gesellschaften geworden sind, das die Schattenseiten der *Aufklärung* weit überwiegt. An dieser Stelle kann im Anschluss an Assheuer jedoch differenziert werden, dass nur die *Aufklärung* human und erfolgreich ist, die sich selbstkritisch über sich selbst aufklärt.

Abstufung der Erwartungen

quantitative und qualitative Leistungsunterschiede

Eine gute Arbeit wird sich einerseits durch die Quantität der angesprochenen Aspekte und Argumente auszeichnen, aber auch durch die Begründungstiefe: Eine starke Arbeit belegt anhand mehrerer Aspekte, dass das Drama einerseits die Ideale der *Aufklärung* zum Ausdruck bringt, diese andererseits aber auch selbstkritisch hinterfragt. Zudem müssen diese Aspekte genau am Dramentext belegt werden.

Dies gilt auch für den erörternden Teil: Eine Arbeit im oberen Notenbereich wird nicht nur mehr Argumente nennen, sondern diese belegen, aufeinander beziehen und auch im Fazit noch differenzieren. Einer sehr guten Arbeit dürfte auffallen, dass die in DIE RÄUBER sichtbaren Ambivalenzen des Freiheitsbegriffs auch gegen Assheuers These sprechen, erst der spätere Schiller gelange zu dieser Auffassung.

7 Tipps zum Weiterlesen

Literaturtipps

Alt, Peter-André: Schiller. Leben – Werk – Zeit. 2 Bände. München (C.H. Beck) 2000.
Ein umfassendes, aber auch sehr umfangreiches Standardwerk zu allen Aspekten von Leben und Werk.

Hage, Volker: Schiller. Vom Feuerkopf zum Klassiker. München (btb) 2009.
Eher feuilletonistisches, aber spannend geschriebenes Porträt Schillers von Spiegel-Redakteur Volker Hage.

Hofmann, Michael: Schiller. Epoche – Werke – Wirkung. München (C.H. Beck) 2003.
Analysen und Informationen zu Schillers Hauptwerken auf dem neuesten Stand der Forschung.

Luserke-Jaqui, Matthias: Schiller Handbuch. Lebene – Werke – Wirkung. Stuttgart (J.B. Metzler) 2005.
Sehr ausführliche Analyse zu allen Werken Schillers, allerdings von unterschiedlichen Autoren und daher mit unterschiedlichen Forschungsperspektiven.

Pilling, Claudia; Schilling, Diana; Springer, Mirjam: Friedrich Schiller. (= rowohlts monografien. begründet von Kurt Kusenberg, herausgegeben von Uwe Naumann.) Reinbek bei Hamburg (Rowohlt) 2002.
Solider Überblick zu Leben und Werk mit zahlreichen Abbildungen.

Safranski, Rüdiger: Schiller oder die Erfindung des Deutschen Idealismus. München (Hanser) 2004.
Gut geschriebene Biografie mit philosophischem und kulturwissenschaftlichem Schwerpunkt.

Wehler, Hans-Ulrich: Deutsche Gesellschaftsgeschichte – Erster Band. Vom Feudalismus des Alten Reiches bis zur Defensiven Modernisierung der Reformära 1700–1815. München (C.H. Beck) 1987.
Zwar nicht mehr ganz neue, aber absolut nicht überholte Gesellschaftsgeschichte des 18. Jahrhunderts.

Internet

Deutsches Literaturarchiv Marbach,
Deutsche Schillergesellschaft: www.dla-marbach.de
Texte, Materialien und aktuelle Informationen des Literaturarchivs in Marbach.

Schillerjahr 2005: www.schillerjahr2005.de
Obwohl das Schillerjahr nun schon etwas zurückliegt, ist die Seite noch online mit zahlreichen Informationen und Materialien zu Leben und Werk.

Portal zur Goethezeit: www.goethezeitportal.de
Informationen und Materialien zum literar- und kulturhistorischen Hintergrund, natürlich auch zu Schiller selbst.

8 Anhang

Bildquellenverzeichnis

S. 7: Interfoto
S. 12, 13, 18: bpk
S. 26: © 2010 Ehapa Comic Collection
S. 37: cinetext/D. Falke
S. 55: Deutsches Literaturarchiv Marbach

Trotz entsprechender Bemühungen ist es nicht in allen Fällen gelungen, den Rechteinhaber ausfindig zu machen. Gegen Nachweis der Rechte zahlt der Verlag für die Abdruckerlaubnis die gesetzlich geschuldete Vergütung.